01

까만나라 노란추장 한상기의 신앙체험기

나는 나이고 싶다

I Wish I Could Be I

한상기 Sang Ki Hahn

학자원

한상기韓相麒

號 波岩 雅正
충남 청양 태생
전 서울대학교 농과대학(농생대) 교수
전 나이지리아 소재 국제열대농학연구소 소장보
카사바 내병다수성 품종 개량보급으로 아프리카 식량난 해소
기네스 과학공로상
나이지리아 이키레읍 추장(농민의 왕)
자랑스러운 서울대인상(개교 50주년 기념식)
영국생물학회와 미국 작물학회 펠로우
전 미국 코넬대학교와 조지아대학교 명예교수

나는 나이고 싶다 I Wish I Could Be I **제1권**

2018년 3월 25일 초판 1쇄 발행

저　자 : 한상기
발행인 : 김병환
발행처 : 학자원
주　소 : 서울시 강동구 천호대로 1121
전　화 : 02) 6403-1000
팩　스 : 02) 6338-1001
E-mail : hakjaone@daum.net
등　록 : 2011년 3월 24일 제2011-14호

ISBN 979-11-6247-034-3 04230
979-11-6247-033-6 04230 세트
값 15,000원

저자가 개량한 내병다수성 카사바 뿌리

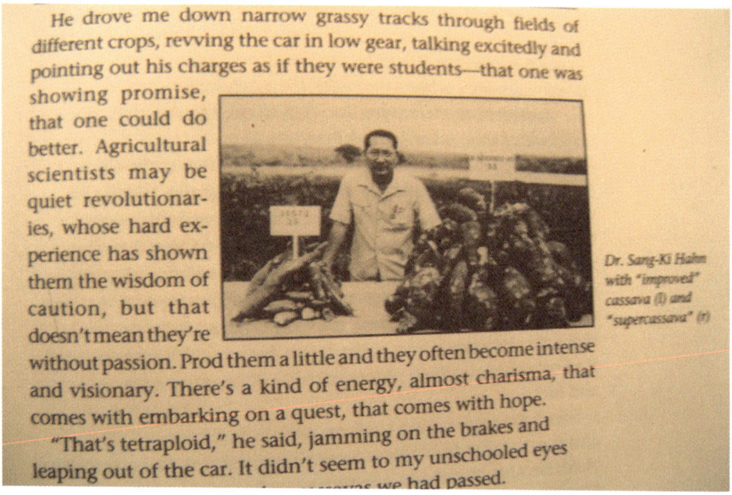
He drove me down narrow grassy tracks through fields of different crops, revving the car in low gear, talking excitedly and pointing out his charges as if they were students—that one was showing promise, that one could do better. Agricultural scientists may be quiet revolutionaries, whose hard experience has shown them the wisdom of caution, but that doesn't mean they're without passion. Prod them a little and they often become intense and visionary. There's a kind of energy, almost charisma, that comes with embarking on a quest, that comes with hope.

"That's tetraploid," he said, jamming on the brakes and leaping out of the car. It didn't seem to my unschooled eyes

Dr. Sang-Ki Hahn with "improved" cassava (l) and "supercassava" (r)

세계은행이 1990년대에 발간한 책이다. 저자를 내병다수성 카사바로 아프리카에 조용한 혁명을 가져다준 기수라 하였다.

나이지리아 소재 국제 열대농학연구소 훈련생들과 함께 카사바 농장에서 찍은 사진
아프리카 농업인 700여 명을 훈련시켜 자국에 보냈다.

1983년 나이지리아 이키레읍 추장(농민의 왕)으로 대관 되었을 때 저자의 모습

저자의 공적이 초등학교 교과서에 실렸다.

1983년 나이지리아 이키레읍 추장(농민의 왕)으로 대관되었을 때 저자 내외 모습.
연합뉴스에 '한국인 슈바이처로 불리는 한상기 박사'라 했다.

미국 클리블랜드에 살며 기도했던 집 봄 풍경

미국 클리블랜드에 살며 기도했던 집 여름 풍경

미국 클리블랜드에 살며 기도했던 집 가을 풍경

미국 클리블랜드에 살며 기도했던 집 겨울 풍경

저자의 노트 170여 권

머리말

나는 1933년 칠갑산 자락 한촌에서, 어머님께서 3일간 진통을 겪으신 다음 양의의 도움을 받고, 기적적으로 나를 출산하셨다. 아버님은 정산 향교 전교를 지내신 유학자셨고, 어머님은 매년 70리 길을 걸어서 계룡산 신원사에 불공을 다니셨다.

식물유전 육종학자가 되고자 서울대 농대에 입학하여 2학년 때, 수덕사에 가서 한겨울을 지내면서, 김일엽 스님을 뵙고 좋은 말씀을 들었다.

오래도록 잊히지 않는다. 대학원시절 배문한 동문의 꾀임으로, 1959년 수원 북수동 성당에서 영세하였다. 배문한 동문은 후에 신부가 되시어 동해안에서 세 여인이 바닷물에 빠져 사경에 있었을 때, 바다에 뛰어들어 그 세 여인을 구해 살리시고, 본인은 기진하여 병원에 이송되시다 선종하시어, 살신성인殺身成仁하신 신부님이시다.

서울대 농대 교수가 되어 있었을 때, 나에게 두 갈래 길이 주어졌다.

하나는 영국 캠브리지에서 초청받아 식물유전 육종학을 연구하는 것이었고, 다른 하나는 가난과 굶주림에 허덕이는 아프리카 가난한 사람들의 식량안전을 위하여 나이지리아 이바단에 창설된 국제열대농학연구소에 가는 것이었다.

1970년(혹심한 내란이 끝난 해) 나이지리아 라고스 경유 영국 런던에 가는 비행기표를 사가지고 우선 나이지리아 이바단시에 있는 국제열대농학연구소에 가서 인터뷰한 다음, 여기에 갈까 저기에 갈까 망설이다가, 캠브리지에 가는 것을 포기하고 아프리카에 가서, 가난하고 굶주리는 아프리카 사람들의 주식작물개량을 위한 연구의 길을 택해, 1971년 아이들 셋만 데리고 큰 아이는 한국에 떨어뜨리고 갔다.

1994년까지 일왕불퇴一往不退의 각오로, 23년간 하루도 결근 않고 일하면서 공무 차 여러 아프리카 나라와 아시아, 남미 여러 나라를 다녀야 했다.

무려 73개국에 다녔다. 내병다수성 카사바를 만들어 농민들에게 대대적으로 보급하여, 기아 해소시켜 나이지리아 이키레읍 추장이 되기도 하여, 한국에서는 1980년대 초등학교 생활의 길잡이 책(3학년 2학기)에 그리고 최근에는 초등학교 6학년 1학기 국어읽기에도 소개 되었으며, 이에 대하여 웅진출판사가 펴낸 '까만나라 노란추장' 이라는 책이 무려 47쇄나 나왔다.

우리 내외는 삼수갑산 나이지리아 이바단 연구소 사택에서 살면서 둘이서만 얼굴 맞대고 외롭고 쓸쓸하고 어렵게 살아야 했다. 일종의 수도생활과 같았다.

1994년에 은퇴하여 집사람이 세 아이들 가까이 가서 살자 하여, 춥고 눈 많이 오는 미국 클리블랜드에 가서 21년간 살았다. 거기에서는 오히려 더 외로웠다.

외로움을 달래기 위하여 베네딕토 수도원 수사 신부님들이 운영하는 인근 미국 성당의 새벽미사에 내외가 10여 년간 함께 나가면서 미사 참례 가기 전 나는 집에서 기도하다 무아경에 들었을 때 떠오른 것을 적었다. 그리고 아프리카에서 나를 위하여 무진 고생한 집사람이 2010년대 치매가 일어 보살펴줘야 해서 새벽 미사에 참례 못하고 5년간 집사람 거들어 주며 집에서 새벽 2시에서 5시 사이에 일어나 무릎 꿇고 합장하고 50개 성경구절을 암송하고 기도하다가 무아경에 들었을 때, 떠오른 것을 적어, 공책 170권에 적었다. 이것은 아프리카에서 23년간 그리고 미국에서 21년간 도합 44년간, 이렇게 외로운 환경에서 기도생활을 하면서 적은 것이다. 그리고 꿈도 기록하여 두었다.

치매 걸려 근 10년간 허덕이는 집사람 데리고 한국에 묻히려고 반세기만에 2015년에 귀국하여 수원에서 살고 있다.

새벽에 일어나 기도하다가 무아경無我境 중에, 떠오른 것을 적은 것이 천여 개 된다. 그 중 골라서 5권의 시리즈 책에 수록한다. 무아경 중에 떠오른 것이 다양한데도 기이하게 중복 되는 것이 거의 없고, 단속적으로 기록한 것인데, 문맥이 정연히 연결되어 있다. 이것을 수정치 않고 (철자만 고치고) 그대로 여기에 실었다. 난해한 것이 많다. 나는 어휘가 부족한 사람이다.

그런데 어찌된 것인지 써보지도 않은 단어가 튀어나와 적기도 하였다. 이것은 나에게서 나온 것이 아니라 위에서 내린 것이라고 여긴다. 나의 명상시집 '아프리카 광야에서'에 대하여 저명한 문학 평론가 정과리 선생이 이렇게 평하여 주셨다. '시편들을 읽어보면 그 각오는 신앙과 깊이 관련되어 있는 것으로 보인다. 수직의 높이에서 진리의 이름으로 그에게 내려 온 말씀이 있었을 것이다.'

나는 오랫동안 외국 생활을 하여야 했고, 농학을 한 사람이라서 여러 책을 탐독할 수 없었다. 그러나 짧은 지식으로 무아경에 대하여 알아보려고 시도했다. 최근에 심리학 해설(칼 융 지음, 성영환 옮김)에서 내가 기도 중에 체험한 것과 매우 가까운 것을 발견하였다. 그 안에 있는 꿈, 무의식 그리고 상징을 적용하여 무아경에 대하여 이렇게 외람되이 정리하여 본다.

무아경을 통하여 외부로부터 차단된 상태가 됨으로써 위선적이고 인습적인 아집의 사고에서 탈피하여 새로 나게 된다. 그래가지고 이성과 본능을 일치하게 하고, 원형과 의식 그리고 무의식의 통합을 이루어, 태초에 지니고 나온 본능에 이르게 한다. 그리고 저 심연에 깊숙이 잠겨 있는 심리의 집단적이고 구조적인 요소와 같은 원초적 심상과 접하게 함으로써, 자발적이고 창조적인 인간이 된다. 그렇게 되어 꾸미지 않고 자연스런 지혜가 풍부한 무의식의 저장고에서 충만한 기운을 끌어내고, 명확하고 신선한 메시지가 나타나게 한다. 그렇게 됨으로써 자아 실현되어 영광스럽고, 보람 있고, 보다 순수한 삶을 영위할 수 있게 된다. 종국적으로 하느님 보시기에 좋은 모습으로 하느님께 나아가, 하느님 사랑 받고, 하느님과 함께 할 수 있게 된다.

무아경은 정신 건강뿐만 아니라 신체건강에도 매우 좋다.

논쟁 대상이 될 글들이 많으리라 본다. 이점 너그러우신 아량으로 읽어주시면 감사하겠다.

이 책에 실은 글들은 주로 클리블랜드 아삼촌 성당(베네딕토 수도원 수사 신부 운영)에 나가면서 기도 중 무아경에 들었을 때 떠오른 나의 신앙체험의 기록인데, 대화 형식으로 적었다. 하느님과 예수 그리스도 그리고 성령 또 성모님과 대화한 것이라 여기고, 첫 번째 난에는 나의 말을, 두 번째 난에는 성령·성모님의 말과 예수 그리스도와 하느님의 말씀을 기록하였다. 성령·성모님의 말씀과 하느님의 말씀은 글자 모양을 다르게 하여 구분하였다.

- 성령·성모님의 말씀 : 존재의 존재 가운데 / 제일 가까운 존재가
- 하느님의 말씀 : 항상 있으니까 / 어디에나 있으니까!

집사람이 치매로 어려움을 겪어갈 때 기도하면서 무아경 중 떠오른 것이 보다 간절했고 좋았다.

나에게 십자가는 십자가이기에 충분한 십자가인가?
정녕 나는 하느님 보시기에 좋은 나인가?
나는 그런 나이고 싶다.

아프리카에서 23년간 희생하면서 나의 뒷바라지 하여 준 나의 충실한 아내 김정자 필로메나에게 감사한다. 원고를 읽어 주시고, 좋은 조언과 간곡한 격려말씀을 하여주신 정양모 신부님, 곽현석 스님, 김상호 목사님, Yung Bok Johnson 목사님, 차영규 교수님, 배일동 명창님, 이지연 시인 여행가, 박찬현 시인 영성가, 김연수 국장님에게 감사한다.

표지 제목은 한국서예협회 용인 지부 지부장이시고 한국서예협회 심사위원이신 담산 이순금 선생이 친절히 써 주신 것이고, 표지 그림은 15권의 책 저자이시며 특히 산문과 그림으로 엮은 '황혼은 어디서 그렇게 아름다운 상처를 얻어 오는가'의 저자인 배문고등학교 국어교사 김보일 선생님의 드로잉이다. 저자초상과 본문 제목 옆에 있는 '길' 그림은 파리에서 활동하는 세계적인 화가 정택영 화백의 작품이다. 이순금 선생님, 김보일 선생님, 정택영 화백, 학자원 김병환 대표에게도 감사의 마음을 전한다.

한상기 씀

구하라 받을 것이요

찾아라 얻을 것이요

두드려라 열릴 것이다

누구나 기도하며 구하고 찾고 두드리면

주님으로부터 받을 것이고, 얻을 것이고, 열릴 것이다.

(마태 7,7-8 루가 11,9-10)

누구나 열절히 구하고 찾고 두드리면

기도 중에 주님과 교신하며 주님으로부터

메시지 받을 것이고, 얻을 것이고, 열릴 것이다.

시인 영성가 박찬현 바울라 님의 서평

하느님의 현존을 드러내신 이 글은, 무엇보다 저자著者이신 한상기 로렌조 박사님의 기도를 통해서 '하느님의 뜻' 영성을 알려주셨습니다. 아주 작은 사람을 통해 당신의 영광을 드러내시는 하느님께서는, 이미 기아饑餓에 시달리는 '아프리카'라는 세상 오지奧地에서 그들을 위해 한평생 식량난을 해결하게 하신 '하느님의 구원 사업'을 하셨습니다. 그런 당신의 작은 사람을 통해 또 '하느님의 뜻'을 주셨습니다.

그리하여 저자는 더 이상 작은 사람이 아니고 '하느님의 뜻'이 현존하는 큰 영광이 되셨습니다. "나는 나이고 싶다"라고 말씀하시는 기도 묵상집默想集 제1, 2권을 탐독하면서, 저의 비루한 묵상으로 거대한 대문을 조심스럽게 두드리며, 하느님의 큰 영광을 가릴 수 있기에 작은 마음으로 문 앞에 섰습니다.

제1권 117쪽 〈존재이유〉에 묵상하신 글을 보면 "모든 것은/ 말씀을 통하여/ 생깁니다!// 모든 것은/ 빛을 통하여/ 살아갑니다!// 이것도/ 모르고/ 살아가는 것입니다!// 존재하면서/ 존재의 원인도/ 모르고 산다면/ 그 존재의 가치가/ 있겠습니까?// 존재의 이유도/ 하느님이 주시고/ 존재의 의미도/ 하느님이 주십니다!// 사람이/ 이 세상에 태어나/ 살아가면서/ 알아야 할 것은/ 이것입니다!// 이것을 모르면/ 삶의 이유가 없고/ 삶의 뜻이 없고/ 삶의 가치가 없습니다!"

보편적으로 하느님天主을 공경하는 이들은, 기도로 하느님과의 대화(응답)를 합니다. 침묵과 묵상 가운데서 자신의 정신세계를 정화하고, 새로운 신심信心으로 갈아입으며 삶의 가치를 땅이 아닌 하늘에 두고 있습니다. 그것은 육신을 가진 생명의 존재로서 현재를 살아가고 있기에, 매일 살아 온 시간들을 성찰하고 또 보완하는 삶의 일환이며, 현실에 영원한 생명의 통로가 존재하고 있음이기 때문입니다. 우리는 기도라는 개념을 자칫 기복적인 차원에 둘 수도 있지만, 오래된 묵상과 관상가들의 사념들을 통해 기도의 길을 찾아 나서기도 합니다. 그것은 위에 한 꼭지 올린 〈존재이유〉에서 볼 수 있습니다. "존재하면서/ 존재의 원인도/ 모르고 산다면/ 그 존재의 가치가/ 있겠습니까?/ 존재의 이유도/ 하느님이 주시고/ 존재의 의미도/ 하느님이 주십니다!"

우리가 존재하는 이유는 또 하나 있습니다.

하느님께서 우리 안에 계시면서 '하느님 뜻'으로 존재하시고자 합니다.

[주의 기도]를 보면 그 안에 '뜻'이 있습니다.

아버지의 뜻이 하늘에서와 같이 땅에서도 이루어지소서!

'하느님의 뜻'이 우리 안에 계시도록 하려면, 자신의 뜻이 소멸해야 하는데, 이 점이 참으로 어려운 방법이 아닐 수 없습니다. 또한 많은 이들이 그 방법론에 관하여 어려워합니다. 그래서 많은 관상 기도와 묵상 기도들이 고난과 침묵 가운데서 얻어지기도 합니다. 이 묵상 기도를 집필하신 저자께서 이토록 깊은 하느님과의 영적 대화를 하셨다는 점에 적잖이 놀라고 느낀 점은, 하느님께서는 모든 각 처지의 사람들의 그릇에 알맞게 '영적 목마름'을 적셔 주는 생명수를 주신다는 것을 알았습니다. 또한, 이 시대의 (이냐시오) 성인을 만났기에 그러했습니다. 이 귀한 묵상 기도집을 접하는 이들은 참된 영적 기도의 길잡이가 될 것이라는 생각을 합니다. 우선 ('하느님의 뜻'이 우리 안에 계시도록) 하려면, 우리의 뜻을 없애야 하는데 그 난제를 함께 묵상해봅니다. 우리의 뜻을 없애는 것은 은총이고, 하느님께서 우리 안에서 '하느님 구원사업'을 하시면 생애의 큰 축복이라고 생각합니다. 우리 안에는 자신의 뜻이 세상을 살아가는데 분명 필요할 것이며, 그것을 없애는 일은 반복되어야 할 것입니다. 오늘 나를 낮추어도 내일 또 다른 자아가 생성되기 때문일 것입니다. 자신이 하염없이 낮아지고 비천해져야 하는데 그리 쉬운 일은 아닐 것입니다. 그래서 매일 밥을 먹듯이 작아지는 일은, 양식을 먹는 일의 연속입니다. 세상이 주는 재화와 권력과 명예를 내려놓는 일, 하느님이 우선이 되고 하느님이 주신 말씀을 세상살이 앞에 먼저 놓아야 합니다. 하루 24시간 동안 늘 사랑하는 이를 그리워하듯이 하느님을 생각하며, 타인이 주는 모든 불편한 관계들을 감수해야 할 것입니다. 자신이 작아지는 일은 모든 불편과 무시와 모욕을 받아들이는 가운데 아마도 '바보'라는 경멸을 당할 수도 있습니다. 모욕과 경멸은 자칫 격정의 심신을 만들지만, 하느님을 공경하는 신앙인의 자세로서는 격정을 잠재우는

수련이 되어야 하고, 모든 삶이 인내의 연속이 되어야 합니다.

그러나 인내의 지속이 유지 될 수 없는 이유의 하나인 이 어려움을 많이들 토로합니다. 그 점에 대해서는 보통 이러합니다. '이러한 불편을 감수하고 바보가 되어서 얻어지는 것이 무엇인가?'라는 의문을 가지게 됩니다. 이러한 일은 수도자나 성직자들이 해야 할 일들이 아닌가, 라는 생각도 들게 합니다. 그래서 '하느님의 뜻'을 자신 안에 모시기 위해서는 세상살이가 녹록치 않음에도 불구하고 어려운 환경을 지나 온 이들에게는 스펀지에 잉크가 스며들듯 '하느님의 뜻' 영성이 아주 시원하게 또는 위안으로 스며듭니다. 더 이상 작아질 이유가 없는 이들에게는 말입니다. 또한 생명을 거의 다 살아서 이제 연로하여 마지막 여정을 바라보는 이들 역시 쉽게 이해가 갈 수 있을 것입니다. 보통 그러한 이들은 지나간 시간들을 후회하는 일이 있을 것입니다. '그때 내가 조금만 참았으면 좋았을 것을……' 하며, 이 작은 편린들의 반추를 뼈저리게 느낀다는 것은 마음속에 이미 '하느님의 뜻'이 계시기에 적합한 환경이 될 것입니다.

이 묵상 기도집은 오롯이 '하느님의 뜻'으로 가득 차 있습니다. '하느님의 뜻'이 계시는 저자의 내면에 작아진 겸손이 있기에 가능한 것입니다. 우리의 몸은 이 세상에 빌려서 살다가 돌려주고 가야하는 입지인데, 그 육신에 아집을 입히고 씌워봐야 아무런 효용가치가 없다는 결론이겠지요. 모든 사람들은 하느님이 지으신 작품이니 그 작품에 대하여 논할 입장도 아니며, 그 작품이 더러 화나게 한다고 해도 덩달아 화낼 일이 없어야 자신이 작아집니다. 그럴 때마다 우리는 먼저 하느님을 생각하고 그분께 대화를 해야 합니다. 자신의 상황을 알리고 조바심 없이 조용히 깨우침을 기다리는 것입니다. 깨우

침을 주시는 일도 '은총'이 있어야 합니다. 그 '은총' 역시 '하느님의 뜻'으로 연결되는 고리입니다. 그러니 매사 자신이 작아져야 하는 이유이기도 합니다. 눈에 보이지 않는 것도 모두 알아서 처리해주시는 분이 곧 하느님이시니까요. 현재의 자신에 충실한 이는 하느님이 사랑하시는 이들입니다. 현재에 충실한 이는 잠시 짓는 죄도 빨리 뉘우치고, '하느님 뜻'이 원하는 대로 살아가는 이들입니다. 뉘우치고 깨달음의 연속 과정에서 자신은 조금씩 작아지고, '하느님의 뜻'은 조금씩 커져만 갑니다.

이 묵상 기도를 읽고 함께 기도하고 묵상한다면 자아(自我)가 작아지는 길잡이가 될 것입니다. 이 시대를 살아가는 우리에게 알맞은 응답의 기도이므로 충분한 삶의 지침서도 될 것입니다. 자신의 뜻 안에 '하느님의 뜻'이 계시면, 사는 일이 기쁨이 될 것이므로 살아가는 일이 행복할 것입니다. 부디 이 귀한 묵상 기도를 통해 매일 겸손으로 작아지고, 영원으로 이어지는 큰 축복을 받을 수 있기를 기원합니다.

2018년 2월 박찬현

서울제일교회 김상오 목사님 서평

존경하고 사랑하는 한상기 박사님의 '나는 나이고 싶다(I Wish I Could Be I)' 책을 받아서 만나보고, 박사님께서 걸어오신 신앙과 생애의 발자취를 회상해 보며, 그 동안 함께하신 하나님의 은혜에 감사를 드리며, 존경하는 마음을 한상기 박사님께 담아 드립니다.

사도바울은 사명을 위하여 자기의 생명을 대가로 지불하며, 나의 나 된 것은, 오직 하나님의 은혜라고 고백하며 사명을 다 했는데, 한상기 박사님의 글들마다 이러한 면면을 만나게 됩니다.

모세는 아무것도 아닌 자라 할지라도, 전능하신 하나님이 들어서 시면 권능자가 될 수 있다는 것을 깨달았습니다. 한상기 박사님의 생애가 마치 모세와 같은 생애이신 것만 같습니다. 신앙과 삶의 자취가 녹아, 살아 노래하며 숨쉬는 "나는 나이고 싶다" 기도의 글을 사랑합니다.

행복은 우리 모두의 이상이요, 꿈이라 할 수 있습니다. 행복론의 저자 힐티는 말하기를 "모든 참다운 행복은 우리의 힘 닿는 곳에 있다는 것을 기억하라. 힘이 미치지 않은 먼 곳에 있다고 생각지 마라"고 했습니다. 그러면서 그는 참된 행복은 그리스도 안에 있을 때만이 가질 수 있는 것이라고 했습니다. 사랑하고 존경하는 한상기 박사님 사랑하는 사모님의 건강회복을 위해 기도 드립니다. 믿음으로 승리의 생을 살아오시며, 행복자의 생애를 살아오신 박사님 사랑합니다.

곽현석 스님의 추천사

예술과 문학은 그리고 나라는 존재를 통해 피어나는 세계의 꽃이라 생각합니다. 세계는 이 꽃이 피어남으로써 비로소 의미를 갖게 됩니다. 그중에서도 시인은 마음이라는 대양에서 미지의 생물을 건져 올리는 어부와도 같다고 생각합니다.

한상기 박사님은 아프리카에서의 실천과 봉사로써 이미 자신의 깨달음을 보이셨지만 그 힘의 원천이 더 깊은 영혼의 뿌리에 닿아있음을 글을 받아 읽고 나서야 알 수 있었습니다.

하나님과의 합일을 소망하시는 한 박사님이 나 같은 승려에게 추천사를 왜 부탁하셨을까? 어떻게 써야할까? 고민도 되었지만, 하나님을 깨닫고 하나님을 통한 삶을 깨닫는 일이 불법佛法을 깨닫고자 하는 우리와 조금도 다르지 않다고 생각이 들었습니다.

이미 한 박사님은 믿음의 성도인 신앙인이자 진리를 탁마하는 구도자이기도 하기 때문입니다. 구도의 여정이나, 하나님과의 합일이나 진정한 자신의 깨어짐과 본래에 대한 깨달음이 없이는 처음과는 다른 그 무엇이 되기 십상입니다.

요즘같이 더 복잡해지고 가까워진 현대에서는 더욱 길을 잃기 쉽습니다. 합의된 조화나, 평화 속에서 바닥없는 진정한 자신의 깨어짐은 일어나지 않습니다. 바닥을 뚫고 솟아나는 "참"도 샘솟지 않습니다.

해와 달이 함께 어우러지고
불과 물이 공존할 수 있는가
해가 뜨면 달이지고
물이 솟는 곳에 불이 꺼지네.
삶이 있으면 죽음이 멀고
죽음이 있는 곳, 삶이 그치는 곳이네.
극단은 항상 서로 시비하며 마찰하며 살아가네.
너와 나도 그러하고
나와 주님도 그러하네

해와 달이 처음부터 함께 있고
용과 호랑이가 함께 노니는 세계가 있다면
나와 주님도 그러할 것이네.
그것을 둘로 쪼개보는 것은 변덕스런 우리마음 아니던가.

한 박사님의 시를 통해 많은 분들이 온전히 자신이 깨어지고 하나님과 하나됨을 명상하고 깨달아가는 기쁨이 충만하기를 기대하고 확신합니다.

무엇을 걱정하십니까. 기도할 수 있는데,

김인자(시인, 여행가)

어떤 끌림이 있었을까. 아니면 누가 그 먼 곳으로 이분을 부르셨을까. 이 책의 저자 한상기 박사님은, 나이지리아 이바단의 국제열대농학연구소에서 23년간 연구를 거듭하는 동안, 내병다수성 카사바 개량종을 만들어 아프리카 가난에 기여한 공으로 이키레읍 추장으로 추대된 바 있다. 자신이 머문 자리에서 묵묵히 혁명을 일으킨 희생과 공적을 범부인 나로서는 일일이 열거할 수 없지만, 그 대표적 예로 지금껏 많은 아이들에게 읽히고 있는 『까만 나라 노란 추장』(웅진출판사) 대한민국 초등학교 6학년 1학기 국어읽기 교과서다.

박사님은 생의 반 이상을 타관에서 보냈고, 그 반을 아프리카 농학연구에 바친 시간은 절대 외로움과 싸워야 했던 수도생활과 다를 바 없었다고 술회하였는데 그만큼 신앙에 몰입할 수밖에 없는 고독

한 삶이었음을 반증하는 것이리라.

이 책은 약 44년간 기도의 응답을 적은 170권의 노트를 축약했으며, 박사님의 글을 읽는 동안 내가 맞닥뜨린 감정은 아이처럼 참으로 순수한 성정性情을 가졌다는 것이다. 문체에 화려한 수식어나 미사여구가 없는데 감동을 주는 이유도 그 순수한 성정과 무관하지는 않을 것이다.

책 머리말에도 '이것은 나에게서 나온 것이 아니라 위에서 내린 것'이라 했듯, 문장을 억지로 짜서 엮은 것이 아니라 새벽기도 중 무아경 상태에서 그분이 주신 말씀을 받아 적었다는 것에 의심의 여지가 없다.

무아경無我境의 사전적 의미는 '정신이 한곳에 쏠려 자신을 잊는 경지'라 정의하고 있지만, 크게 보면 영혼의 씨앗이 발아한 태초의 자리로 돌아가는 것, 타의에 휘둘리지 않고 자의적 간구로 이루어지며 신과 일대 일의 관계에서 천착은 물론 집중적이고 지속적인 몰입이 요구된다. 어쩌면 신앙심에서의 무아경이란, '오직 당신의 뜻대로' 라는 명제 앞에 몸을 낮추고 엎드리는 일이며 의심을 가지되 의심을 버리고 믿고 맡기는 것일 터다.

사람으로 세상에 와서 한 점 부끄럼 없는 삶을 살다 갈 수 있을까. 본인의 의지와 상관없이 벼랑 위를 홀로 걸을 때 우리는 무의식중에 손을 잡아 줄 그분(神)을 찾는다. 그리고 실낱같은 기도를 통해서 마음의 키가 자라는 걸 경험한다.

나는 '한 가지를 오래 생각하는 것이 기도'라는 나름의 정의를 갖고 있다. 그러므로 기도란, 나 개인의 유익만을 위해서가 아니라 타인을 위해 함께 걸어주는 것, 보상 없이 상대를 기쁘게 하는 것, 낮은 곳에 숨어 선행을 이루는 것, 두 팔로 가난한 이웃을 안아주는 것, 밥을 나누고 사랑을 나누는 것, 용서를 구하여 끝내는 그분을 기쁘게는 하는 일이 아닐까 싶다.

이 책 본문 '약유어천주'의 한 대목 속에는 박사님이 전하고자 하는 모든 것이 함축되어있다. 이 메시지는 쉽고 간결하지만 울림이 크다.

간다고 하는 것은
가는 것이 아니다!
온다고 하는 것은
오는 것이 아니다!

내 안에
머물면
가고 오는 것이
없다!

내가 자주 오가는 골목 끝에는 유독 작은 십자가 하나가 눈에 들어온다. 보다 구체적으로 말하자면 십자가보다는 낡은 천막교회입구에 걸려있는 현수막의 글귀다. "무엇을 걱정하십니까. 기도할 수 있는데," 실행하지 않는 기도가 무슨 의미가 있을까만, 종교를 갖지 않는 사람일지라도 살면서 크고 작은 시련이 닥칠 때 이 말씀과 마주하면 위안을 받을 듯싶다. 아니 어쩌면 내 자신이 기도가 필요한 때가 되어서야 그 글귀가 눈에 들어온 것인지 모르지만, 곱씹을수록 위안이 되는 전언이다.

물아일체物我一體, 타인은 속일 수 있어도 자신을 속일 수 없듯, 자신은 속일 수 있을지 몰라도 내 안의 신은 속일 수 없다. 조용히 무릎을 꿇어 기도하다 보면 누구라도 영혼의 피안을 만나게 될 것이다.

박사님께서 이 책을 세상에 선보이는 이유 또한 '밤마다 초에 불을 붙이고 그 초를 다른 초에 옮기는 마음'과 같지 않을까 싶다. 절실한 간구도 필요하겠으나 진실한 간구가 아니면 응답하지 않는다는 것, 박사님의 신앙 간증집(고백록)을 읽으며 든 생각이다.

가나 아칸 족 격언에 "한 그루의 나무로는 숲을 이룰 수 없다."고 했다. 『나는 나이고 싶다』 이 책이 세상에 나오는 순간, 보다 많은 독자들을 만나 그분의 말씀과 기도가 한 그루 나무에 그치지 않고 무성한 숲이 되는 놀라운 축복을 기대해 본다.

무술년 새해 대관령 산방에서 쓰다.

미국 미네소타에서 사시는 Yung Bok Johnson 목사님의 서평

Rev. Yung Bok Johnson's Comments

Pardon me, please, the finger is getting stiffer by now. Life's lesson/Way From 'I Wish I Could Be I' By Dr. Sang Ki Hahn. Your Being, breathing, conversation/meditation with Heavenly Father, acting with absolute ADORATION, trust, submission to our FATHER without any reservations, "WALK WITH FAITH NOT BY SIGHT" Scattering SEEDS OF LOVE(GOD IS LOVE), shed HIS

LIGHT on your path, wherever your journey led, it defines what Life-living should be like while our spirit is in our physical body, glorify during we are on this beautiful planet.

I AM IN DIVINE,
DIVINE IS IN ME,
I AM DIVINE.

죄송합니다. 현재 나의 손가락이 굳어가네요.(목사님께서 건강상태가 매우 좋지 않아)

박사님의 '나는 나이고 싶다'는 삶에 대한 교훈입니다.

박사님께서 아무 조건 없이 주님을 믿으시며, 주님께 자신을 완전히 내 맡기시고, 찬양하시면서 숨 쉬며 대화하시고, 명상하시어 눈으로가 아니라 믿음으로 걸어가시게 되셨으니 그에 대하여 전적으로 칭송합니다.

박사님께서 걸어오신 길에, 주님 사랑의 씨앗을 뿌리시고 빛을 밝히셔서, 어디를 가시나 생명과 삶에 불을 밝히시고, 우리의 영이 우리의 육체에 머무는 동안 우리가 어찌 살아가야 하는지를 잘 알리십니다. 그리고 우리가 이 아름다운 우주에 머무는 동안 주님께 영광드리게 하십니다.

'나는 주님 안에 있고
주님께서 내 안에 계시니
나는 성스럽다'
고 멋지게 읊으셨네요.

차례

하느님 뜻 받듦

하느님과 함께 하나됨, 일치, 합일

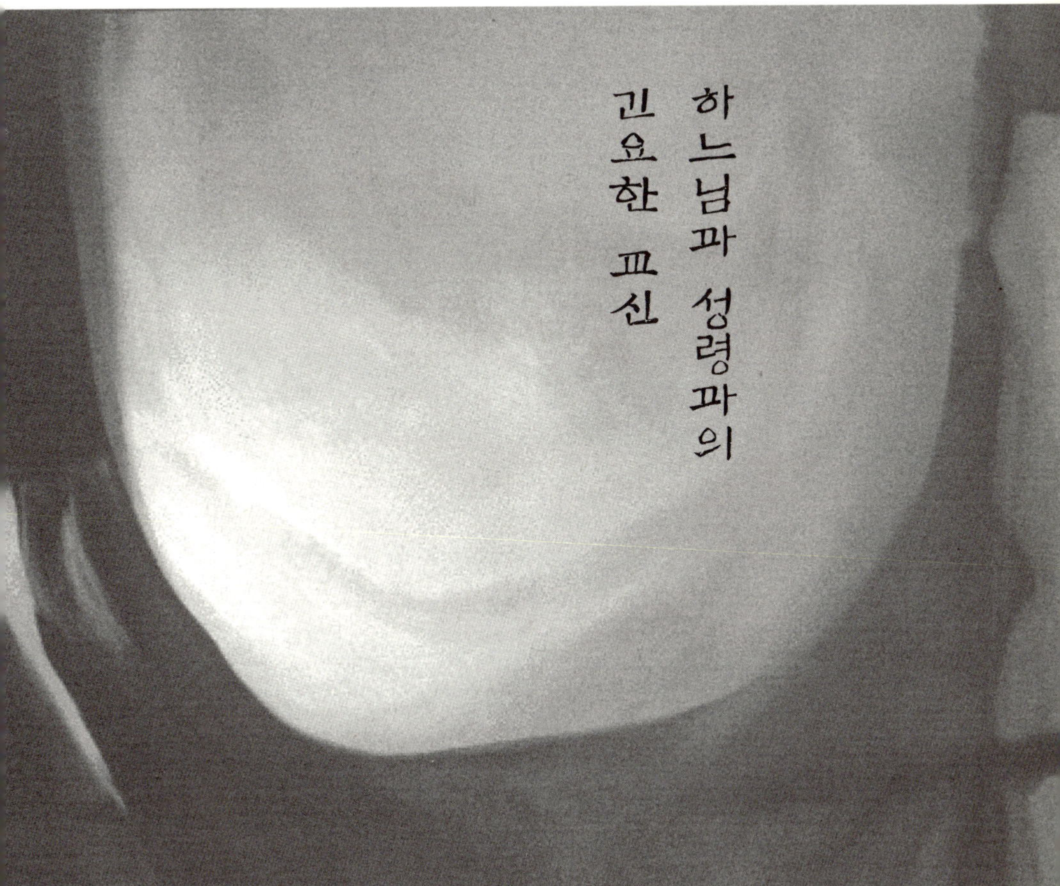
하느님과 성령과의
고요한 교신

왜 하느님의 아들이라

왜?
하느님의 아들이라
하십니까?

What is that for?

두 가지
큰 수수께끼!

왜 하느님의 아들이라 하고
그게 갖고 있는 의미는
무엇인지?

존재의 존재 가운데
제일 가까운 존재가
무엇일까?

혈육이다!

아버지와 아들이

가장 가까운 혈통이다!

그러므로
가장 가까운 존재라는 것을
알리기 위함이다!

있음에서 있음을
알리기 위해서다!

Say it again!

뜻에서 뜻으로
이어짐을 알리기 위해서다!

그러니까
존재에서 존재로
뜻에서 뜻으로
이어진다는 것을
알리기 위해서다!

확실한 증거를
보이기 위해서다!

이것을 보여서
믿게 하기 위해서다!

사랑이 사랑으로
이어짐을 보이기 위해서다!

이로써
모두들
그 사랑을
체험하라는 것이다!

사랑에서 사랑으로
또 사랑에서 사랑으로
전해져야 하기 때문이다!

이보다 더
확실하고 완전한 것은
없기 때문이다!

끝이 없음을
보이기 위해서다!

나의 모습을 따지지 마

내가 누구라고?

있었다
없었다
이런 모습
저런 모습 하지만

그것은 다
너희가 짓는
모습이야!

나는
모습도 없고
그저 있어!
항시 있어!

그게 나야!

그러니
나의 모습을
구태어 지으려 하지 마!

그건 다
허상이야!
허사야!

있다
없다
하지도 마!

항상 있으니까
어디에나 있으니까!

항상 있고
어디에나 있는 나를
여기서 찾고
저기서 찾고
오늘 찾고
내일 찾고
할 수 없지!

알겠어?

네!
잘 알겠습니다!

형상만 가지고
따지지 마!
무한한 것은
현상이 없으니까!

그러니
나의 모습을
따지지 마!

나는
언제나
어디에나
어떤 모습으로나
있으니까!

잘 알겠습니다!

감사합니다!

편하게 하라

더 편하게!
더 편하게!

무엇을
편하게라는
말씀이십니까?

나하고
만나는 것을
더 편하게
하라고!

너무 어렵게
생각지 말고
그냥 평상으로
맞아 달라고!

그래야
생각도 행동도
편해!

나와 나누는
대화는
가급한 쉽게!
짧게!
간결하게!
짧으면 짧을수록 좋아!

Please call now!

쉽게!
편안하게!
짧게!

언제든지
어디서든지
찾아 줘!

편견을 가졌으면
버리고!
솔직한 마음으로
대해줘!

아무 때도 좋아!
아무런 곳에서도 좋아!

부담 갖지 말고
와!

작으면 작은 대로
크면 큰 대로
와!

편안히
와!

길 세상이 무너지고 있다고?

말도
안 되는 소리 마!

어떻게
세상이
무너진단 말이야!

그럴 수
없지!

하느님께서
허락하시지 않는 한
그럴 수 없어!

당치도 않은
소리 마!

하느님
말씀 들어 봐!
하느님
뜻 따라 봐!

하느님
믿어 봐!

하느님께서
지으신 것을
감히 누가?

그런데
세상은
그렇게 움직이고 있어!

하느님께
빌어야 해!
하느님께
빌어야 해!

길

거기 가고 싶지 않아요

지금
아이를 안고
가는 중이어요!

어디를
가시는 중입니까?

뭐 어디가
따로 있습니까?

살러 가는 것이지요!

살러 가신다니
도대체
어디서 사시려고요?

하느님께서
이끌어 주시는 곳이지요!

모든 사람들이
그곳을 찾고

바라는 것
아니겠어요?

맞았어요!
바로 그것이어요!

하느님께서
이끌어 주시는 곳
바로 그곳 말이요!

아무도
거기에
가 본 적이 없지요!

허나
분명히 있어요!

하느님만
믿고 따르면
누구나 갈 수 있는
곳이지요!

거기
가고 싶지 않아요?

물론
가고 싶지요!

그러려면
믿음과 열의와 노력이
있어야 해요!

그러면
따라 오세요!
내 거기로
인도할게요!

험한 길도
각오하셔야 해요!

알겠습니다!

그러면
따라 오세요!

하느님의 정체

You know what!

What?

하느님의 정체!
하느님의 정체!

사랑이야!
이게 하느님의 정체야!

사랑을 빼면
아무것도 없고
사랑을 더하면
가득하지!

매사 그래!
사랑이 없으면
너도 없고
사랑을 더하면
네 안에 주님이 계시지!

이게 바로
하느님의 정체야!

없으면
텅 비고
있으면
가득한 거
그것이 바로
하느님의 정체야!

따지고 따져 봐도
그거야!
그것밖에는 없어!

나에게도
사랑이 없으면
나는 없어!
사랑이 있으면
나는 있고

뿌려봐!
이 사랑의 씨를
온 누리에
뿌려봐!

그게
가장 값진 일일 거야!

나도 모르는 주제에

내가
누구라고?

나도 모르는 주제에
무엇을 안다고?
그리고
무엇을 알려 든다고?

갈 데도 모르고
올 데도 모르는
네가 넌가?

과연
넌가?

그러면서
무엇을
하겠다는 건가?
어디를
가겠다는 건가?
누구를

알겠다는 건가?

여봐!
왜 바람이 부는지 알아?
왜 구름이 떠가는지 알아?
왜 강물이 흘러가는지 알아?
다 하느님의 섭리야!

하느님께서
우리를 살리시려고
그리 하시는 것이지!

어디를 가나
무엇을 하던
어느 때나

이것을
잊지 말게!

'너'라는
존재는
하느님 앞에
아무것도 아냐?

왜 왔는지
무엇을
해야 하는지도
모르는 존재야!

생명이 나다

그게
얼마나
중요한 것인데!

너는
그것을
아느냐?

생명 말씀입니까?

그렇다!

생명이 있어
네가
있는 것 아니냐?

네!
맞습니다!

생명이
바로 나다!

이것을
아느냐?

거기까지는요!

그러면
아직도 멀었다!

생명이
중요한 것을 알고
내가
중요한 것을
알아야 한다!

이것이
앎의 극치다!

생명은
바로 너고
나이기 때문이다!

그렇게 하여
우리는
생명으로
하나다!

생명이
'나'니

사랑도
'나'다!

우리는
생명으로
사랑과
만난다!

사랑은
생명이
품어내는
기운이다!

생명 있고
사랑 있으면
산다!

우리는
그래서
즐겁다!

길 하느님의 뜻이 무엇인지 알아야

다리를 내놓으라니까!

다리를 왜요?

다리를 주물러 주려고!

이 다리 말고
저 다리를!

네가 내 놓은 다리와
내가 주물러 주려는
그 다리와는
다르다!

이렇게
하느님께서
원하시는 것을
내가 잘 모르고 있다!

나는 왼쪽 다리를
하느님께서는 오른쪽 다리를!

이렇게
우리는 모르고 있다!
하느님의 뜻을
모르고 있다!

그러고서는
하느님의 은총
축복 받을 수 없다!

하느님의 뜻이
무엇인가?
하느님께서 원하시는 것이
무엇인가?
모르고 산다면
하느님 은총
하느님 축복
받을 수 없다!

주님의 생각은 나의 생각과 같지 않고(이사 55,6-9)
주님의 길은 나의 길과 같지 않다.
우리는 이렇게 주님의 뜻을 모르고 살아가고 있다.
그러고서는 주님의 은총과 축복 받을 수 없다.
따라서 주님 은총과 축복 받으려면 주님의 뜻 잘 살펴 알아 받들어야 한다.

하느님 안에서 너를 잊어라

네가
왜?

무서워?

무엇이
무서워?

내가 있는데
무엇이
무서워!

무서울 것
없어!

네!
무서울 것
없습니다!

주님을
믿고 있으니

무엇이
무섭습니까?

아무것도
무서울 것
없습니다!

하느님
안에서
너를 잊어버려!

그러면
하느님께서
너를 찾아주실 거야!

하느님 앞에 떳떳이 나아가게

나는
너를 잡았으니
절대
놓치지 않을 거야!

나는
너를
알게 되었으니
절대
잊지 않을 거야!

나는
너를
흘려보냈으니
절대
다시
담지 않을 거야!

나는
너를
떠내 보냈으니

절대
다시
갖지 않을 거야!

아는 척도
모르는 척도
않을 거야!

그게
무슨 소용이 있나!

아무
소용없어!

간직할 것은
절대
간직하고
버릴 것은
절대
버려!

하느님 앞에
떳떳하게
나아가게 스리!

첫 번째의 '너'는 '진리의 말씀'.
다음번의 '너'는 '삿(사邪)된 것'.

하느님 위한 것이면 하라

분명하게
말하는데

사람에게는
다 각기
제 할 일이 있다!

너는
네 할 일을
하는 거야!

아직도
멀었다!

네가
할 일이
아직도
멀었다!

일을 한다는 것은
네 일을 하는 것이 아니라

하느님의 일을 하는 것이야!

잘 생각해 봐!
무엇을
하여야 할 것인가!

나 자신을 위한 것이면
피하고
하느님을 위한 것이면 해!

잘 생각해서
구별해야 해!

네 명예와 이름을
위하여 하는 일은
피하고
아프리카
발전을 위한 것이면 해!

잘
될 거야!

나도
밀어줄게!

길 하느님 품안에 있는데

왜?
어째서?

흔들려?
떨려?

자신을
반석 위에
올려 놓아봐!

그래도
떨려?

자신을
십자가에
매달아 봐!

그래도
떨려?

하느님

품안에 있는데
무엇이
두려워!

무엇 때문에
떨려!

아무 것도
두려울 것 없어!

하느님과 짝궁하면

응!
그렇고말고!

하느님과
짝궁하는 거야!

그러면
모든 복이
거기에 있어!

다
거기에 있어!
모든 것이
거기에 있어!

정말로?
나도?

그렇고말고!

하느님과 함께 하여

이렇게
집중하면
안 될 일이 없지!

하느님과
함께 하는데
무엇이
안 될랴!

안 될 일이
없지!
안될 일이
없고말고!

하느님께서
이루어 주시는데
안 될 리 있겠는가?

하느님께서
나를 사랑하시는데

안 될 일이
있겠는가?

하느님께서
보살펴 주시는데
걱정할 거
있는가?

이루어지지 않을 게
없고
걱정할 게
없으니
평화스럽지 않겠는가?

하느님께로 가는 길

여기저기서
나를
만나겠다고
아우성이여!

나를
만나서
뭘 해?

좋은 거야!
좋은 거야!

내버려 둬!

다들
아우성이야!

하느님께
가는 길야!

그것을

보겠다는 거지!

그게
털어
비우는 거지!

그리고
침묵 속으로
들어가는 거야!

이것뿐이야!

가다 보면
뵙지

하느님께 가는 길은 털어 비우는 것이고,
침묵 속에 들어가는 것이다.

하느님께서 바라시는 모습

어떻게
이렇게
말랐어!

내가
말랐다고요?

말랐어도
괜찮아!

쓸데없는 것
다
빼내고 나면
말라!

그러면요!

그러니
꼭 필요한 것만
갖고 있으니

됐어!
됐어!

그러면
되는 거야!

정상으로
돌아왔으니!

이게
하느님께서
너에게
바라시는
모습이야!

지나치지 않고
모자라지 않은
바로 그 모습 말이야!

필요치 않은 것은
버리고
꼭 필요한 것을
갖고 있는 모습 말이야!

그러면
밝고 따스한
햇빛이 쪼여 내리지!
축복의 빛 말이야!

그러기 위해서는
자기가 자기의 본연의 모습
찾아야 해!

그러면
아름다운 모습이
보일 거야!

하느님께서 사랑하신대

너!
내가
이것을 알아보았는데

하느님께서
너를 사랑하신대!

그러니
하느님 품안에
머물러 살면서

늘
감사하며
살아!

그러면
모든 복이 내려!

이것을
절대 믿어!

너는
진복자야!

이보다
더 큰 복이
어디 있을까?

이보다
더 큰 영광이
어디 있을까?

꼭
이루어 주실 거야!

꼭
그리 하여 주실 거야!

무한히
내려!
무한히
작게 하여!

그래야
하느님 사랑이
내려!

하느님께서 우리와 함께

놀랍네요!

하느님께서
우리와
함께 하시고
계시다는 것은
참으로
놀라운 일이네요!

더구나
하느님께서
내 안에
계시다구요!

이것이
정말인가요?

믿어도
되는 가요?

물론이지!
그렇고말고!

하느님이 계셔서
이 우주가
움직이고

네 안에
하느님이 계셔서
네가
움직이고 있는 거
아니냐?
그리고
생각하고!

하느님을
네 안에
모시고 살면
잡된 것은
다 나가게
마련이지!

잡된 것은
너에게
유해한 거야!
몸에 유해하고
마음에 유해하고
생각에 유해한 거야!

하느님께서 저 이게

너라서
그리 된 거야!

장하다!

아닙니다!

저가
저인 게 아닙니다!

하느님께서
저이게
만드신 것입니다!

하느님께서 주시는 약속

대단한 것을
가져왔어!

속 썩고
고생하고
있잖아!

그래서
내가 이참에
무엇인가
해주려고!

감사합니다!
말씀만 들어도
감사합니다!

이제
내가 할 말
다 했어!

하느님께서

주시는
약속!
감사합니다!

하느님!
영광
받으소서!

이제 됐어!
이제 됐어!

가봐!
가봐!

하느님을 모셔 들여!

아무것도
필요 없지!

단
한가지!

그것뿐이야!

그것 외에는
아무 것도
필요 없어!

바로
하느님이시야!

속에
들어 있는
모든 것
다 토해 버리고

하느님을

모셔 들여!

그러면
살아!
산다고!
영원히 살아!

이 길 밖에는
없어!
없어!

더
뭐가
필요해?

아니
없어!

하느님을 알아 하느님께

그것은
바로
이 때문이야!

하느님 때문이야!

어째서
하느님 때문이야?

모든 것이
하느님으로부터
나왔고
하느님 때문에
존재하고
하느님 때문에
살아가고 있기 때문이야!

그래서
하느님께로부터
왔다가
하느님께로

가는 거야!

하느님이
아니 계시면
이 모든 게
없어!
너도 없어!

이것을
깨닫지 못하면
헛사는 거야!

산다는 것이
뭐야?

바로 하느님을 알아
하느님께로
가는 것 아냐?

자기가
작아져야
하느님이
보여!

자기가
작아져야
진리가
보여!

자기를
키우고서는
아무것도
보이지 않아!
다 허사야!

하느님의 뜻이라면

하느님의 섭리로
머리통을 얻어맞고
죽는다 해도
내 어찌하리요!

하느님의 뜻이라면
내 감수하여야지!

무슨 일이라도
하느님의 뜻이라면
받아들여야지!

어찌하겠나!
받아야지!

하느님은
나에게 모든 것을
주셨으니
하느님께서
거두신다면

내 어찌하리!

하느님!
하느님 뜻이라면
달게 받겠나이다!

하느님!
하느님께서 뿌리신 씨는
거두셔야 하지 않겠습니까?

꼭 그리하시기를
기다리겠습니다!

하느님!
저희들이 살아 있다는 것이
하느님 생명입니다!

부디 부디
하느님 뜻대로
하소서!

하느님!
지가 바랄 게
무엇이 있겠습니까?

하느님의 힘으로
살 때까지 살면서

하느님 뜻
이루는 것입니다!

그것밖에는
바랄 게 없나이다!

하느님의 무리

왜요?

저를
인정하십니까?

　　그럼!
　　인정하고말고!

　　하느님의
　　무리가 되는 거야!

하느님의
무리가 되는 것이라고요?

이보다
더 복된 게 어디 있나!

이보다
더 영광스런 게 어디 있나!

이보다
더 즐거운 게 어디 있나!

감사하여라!
감사하여라!
감사하여라!

　　이제
　　서둘지 마!
　　겸손해!
　　하느님 무리답게
　　행동해야지!

네!
네!
네!
그래야지요!

'하느님의 무리'란
양떼 목자 따라 가듯이 하느님 따라 하느님과 함께 숨쉬며, 먹고 마시고, 움직이고, 생각하고, 행동하는 한 동아리.

하느님의 아들

하느님의 아들이라
하더구만!

그게
어찌된 일인가?

네?

평화를 위하여
일한 사람이기 때문이다!

네가
평화를 위하여
일했기 때문이다!

참으로 이상하지!
어찌하여
이런 말씀을?

그것도 모르는가?
당연하지!!!

당연하다니요?

네가 한 일이
다 평화를 위한
일이 아니었더냐?

네!
그렇습니까?

이게 다
하느님의 뜻을
이룩한 것이다!

그렇게 보아 주시니
감사합니다!
그렇게 여겨 주시니
감사합니다!

하느님께서는
너를 꼭
가상히 여기실 것이다!

하느님의 일이 내 일이야

맞아!
맞아!
그것 맞아!

하느님의 뜻
이루는 거야!

하느님 안에
모든 것 안에
모든 것
갖고 사는 거야!

그래!
하느님의 일이
내 일이고
내 일이
하느님의 일이야!

이웃의 일이
내 일이고

내 일이
이웃의 일이야!

그러니
하느님이 좋아하시는 것은
나도 좋고
이웃이 좋아하는 것은
나도 좋은 것 아니겠어!

그러므로
하느님의 일을 하는 것은
내 일을 하는 것이고
이웃의 일을 하는 것은
내 일을 하는 것이야!

하느님!
바로 이것입니까?
바로 이것이냐고요?

하늘은 나의 편이야

나
이것 해야 하는데!

　　알았어!
　　해봐!

　　잘 하라고!

하늘은
나의 편이야,
나의 편이라고!

나는 바로 나여!

아무런 것도
내 위에 있지 않고
내 밑에 있지 않아!

나는
바로 나여!

신비한 존재여!
신비체여!
신비체라고!

모두가
다 내 안에 있고
내가 그 모두에 있어!

하나여!
일체여!

부족한 것도 없고
필요한 것도 없고
충분한 하나여!

없으면서 가득한 이가 나야

아무것도 없어!
몸뚱이도 없고!
하지만
나는 있어!

없는 가운데
나는 있어!

이게 진리야!
이게 나야!

형상이 있어야
꼭 내가
존재하는 것은
아냐!

형상 없이
존재하는 이가
바로 나야!

그러니까

나를 보려면
형상으로
찾아선
못 봐!
볼 수 없어!

없으면서
가득한 이가
나야!

없어졌다
살아졌다
하는 것도 아냐!

항상
있는 거야!

항상 있기 때문에
나야!

변하지 않기 때문에
나야!

가지도 않고
오지도 않고
항상 있기 때문에
나야!

찾고 찾을 필요도 없어!
부르고 부를 필요도 없어!
항상 있으니까!

알겠어?

네!
잘 알겠습니다!

죽지 않는 나가 나다

나라고 하는
나는
나가 아니다!

죽는 나는
나가 아니다!

죽지 않는
나가
나다!

하느님께
갈 수 있는
나가
나다!

누구든지
하느님께
갈 수 있는
그는
그다!

나를
버릴 수 있는
나가
나다!

사랑 때문이유!
사랑은
하느님이시니까유!

사랑을
버리면
하느님을
버리는 것이고
나를
버리는 것이다!

그런
나는
하느님께
갈 수 없다!

죽는 나는, 하느님께 갈 수 없는 나는,
사랑 때문에 나를 버릴 수 없는 나는, 사랑을 버리는 나는
나 ≠ 나
죽지 않는 나가, 하느님께 갈 수 있는 나가,
사랑 때문에 나를 버릴 수 있는 나가, 사랑을 버리지 않는 나가
나 = 나

주님 어찌하란 말이요!

있을 수 없어요.
주님
어찌하란 말이요!

네 주님
있을 수 없어요.

완성해야 하는데.

바닷물은
왔다가 가고.
그렇게 해서
완성하는데!

어찌나
그러는가?

이제는
안 그럴게요!

바다 물은 오는 것만으로는 완성되지 않고,
왔다가 다시 가야 완성되는데:
그처럼 모든 게 왔다가 가야 완성되거늘.
어찌 한 방향만, 한 편만 고집하겠는가?
어찌 시도해 보지도 않고 처음서부터 그리 안 된다고
네 의견만, 네 결정만 부정적으로 고집하는가?
한번 다시 돌이켜 전심전력으로 도전해 본다면
반드시 완성시킬 수 있을 것인데.

어찌나 그러는가:
그런데 어째서
그렇게 안 된다고 포기하는가?

이제는 안 그럴게요:
주님께서 원하시는 일이라면
시도도 해 보지 않고 굳이 안 된다고 처음서부터
그런 일을 그렇게 경솔히 포기하지 않겠습니다.
이제부터는 일을 긍정적으로 생각하고 처리하겠습니다.

주님의 스마트폰

스마트폰을
내놓았는데
한번 찾아보라고!

언젠가는 모르지만
거기에
써 있어!

메세지가
들어 있는 거야!

메세지?

사람의 메세지일 수 있고
하느님의 메세지일 수도 있지!

여하튼
메세지를 받아
저장한다는 것은
훌륭한 거야!

메세지가
그리도 많은데
그 많은 메세지를
다 저장해 놓는다는 것은
참으로 좋은 일이야!

아무리 많은 메시지가
또 좋은 메세지가
와 있다 해도
그것은
잘 저장했다가
필요시 꺼내 볼 수 없으면
소용없거든.

그러므로
메세지를
잘 받아
저장해 놓아야 해!

하느님의 메세지를
어떻게 받아서
어떻게 저장 하느냐가
문제야!

하느님께서는
필요 시
메세지를 주셔!

그 메세지를
하나하나 다
해독해야 해!

그게
우리가 하여야 할
중대한 일이야!

올바르게
해독해야 해!

평화는
여기서부터 시작해!

하느님의 메세지를
어떻게 해독하느냐가
문제야!

잘못 해독하면
문제가 생기지!

그러니까
정확하게
해독해야 해!

나를 만나는 여정

자기가 자기를 만나는 여정은
자기가 자기를 알아
자기가 자기로 되어
여기 현재에서 자기를 만나는 여정이다.

자기가 자기를 만나는 여정은
자기가 자기를 알아
자기가 자기로 되어
'나는 바로 나다' 하신 주님을 만나 알아 뵙는 여정이다.

자기가 자기를 만나는 여정은
자기가 자기를 알아
자기가 자기로 되어
진정을 만나 진정과 더불어 사랑과 함께 하는 여정이다.

목적 없이 존재하는 것은 없다

이런 것은
다 어디에 쓰여지는 것인가?

세상을
아름답게!
세상을
즐겁게!

진선미眞善美를
위하여!

이 세상 모든 것이
목적 없이
존재하는 것은
하나도 없다!

모두가 다
그 목적을
위하여
존재하는 것이다!

이것을
아는 것이
깨달음이다!

자신이
무엇인가를
알게 되고
자신이
무엇을 위하여 하는지를
알게 되기
때문이다!

살면서
이보다 더
중요한 건
없을 거다!

그러니
모름지기
자기 위치를 알고
자기가 할 바를 알아서
행하여야 한다!

이를 위하여
노력하라!

네! 잘 알겠습니다!
그리 하겠습니다!

삶은 문제를 안고 사는 것이다

What is your problem?

또 그럴 수도 있는데
뭘!

문제는
반복적이다!

물론 같은 문제는
아닐 수 있지만
문제는 연속적으로
되풀이하여 나타난다!

그러므로
삶이란 문제를 안고
살아가는 것이다!

그런 문제를 당하여
하나 하나 헤쳐나가며
사는 것이다!

그래서
인생은 '고苦'라 하는 지도
모른다!

한 문제를 해결하면
또 다른 문제가 나타나고
그것을 또 해결하면
또 문제가 연속적으로
나타난다!

이것을 해결하여 나가야 한다!
그래야 살 수 있다!

문제에 봉착하여
그 문제에 넘어지면
살아갈 수 없다.

그런 문제를
극복하여 가면서
살아가야 한다!

하느님께서는
이것을 바라시고
극복하여 나가도록
도와주신다!

이것을
믿고 살아가야 한다!

이게
신앙인이 지녀야 할
삶의, 신앙의 자세다!

육신의 삶과 영신의 삶에 필요한 것

필요 없는 일을
하는 때도 많아!

필요 없는 일이라니요?

육신에 필요할는지
모르지만
영신에 필요치 않은
것이 많지!

육신에 필요한 것이
반드시 영신에
필요한 것은 아냐!

따라서
육신의 삶에 필요한 것이
영신의 삶에는
필요치 않은 것이
수두룩하지!

그러므로

영신의 삶에 필요한 것을
하여야 해!

그에 필요한 것을
찾아
일해야 해!

육신에 필요한 것을
버리라는 것은 아냐!

영신의 삶에 필요한 것을
잊지 말라고 하라는 거야!

분배에 있어서
정신을 쓰라는 것이여!

네!
잘 알겠습니다!

肉에서 나온 것은 肉으로
靈에서 나온 것은 靈으로
이래야지 肉에서 나온 것을 靈으로,
靈에서 나온 것을 肉으로 하여서는 안 된다는 것인가?
소속을 분명히 하라는 것인가?
옳은 일은 어떠한 형벌을 받아도
해야 한다는 것인가?

존재이유

모든 것은
말씀을 통하여
생깁니다!

모든 것은
빛을 통하여
살아갑니다!

이것도
모르고
살아가는 것입니다!

이것도
잊고
살아가는 것입니다!

존재하면서
존재의 원인도
모르고 산다면
그 존재의 가치가
있겠습니까?

존재의 이유도
하늘님이 주시고
존재의 의미도
하느님이 주십니다!

사람이
이 세상에 태어나
살아가면서
알아야 할 것은
이것입니다!

이것을 모르면
삶의 이유가 없고
삶의 뜻이 없고
삶의 가치가 없습니다!

온 데를 알고
갈 데를 아니
행복하여라!
행복하여라!

유심唯心과 방심放心

아니
유심 유심
방심 방심
있지 않아?

유심이 무엇입니까?

오롯이의 마음이다!
하느님만을 생각하는 마음이다!

그러면
방심은 무엇입니까?

방심은
놓아버린 마음이다!
제멋대로의 마음이다!

제멋대로의 마음을 가진 이는
유심을 가질 수 없다!

그래서

방심을 경계하여야 한다!

방심에 들어가지 말 것이며
방심에 끌리지 말아야 한다.

유심과 방심은
상극이다!

방심이
유심에 나아가는 것을
훼방한다.

그러니
방심에 끌리면
유심에 나아갈 수 없다!

그러므로
마음을 잡아야 한다!
마음을 잡아
방심치 않게 하여야 한다!

마음을
꼭 잡아라!

흔들리지 않게
잡아라!

그래가지고
유심에 나아가라!

구름 실로 묶어

구름 실로
다 묶어
꼼짝 못하게.

앞으로
이러지 말고
꼭 가꾸어!

알겠어?
너?

구름 실이 도대체 무엇일까?
'구름 실로 묶는다'고 하는 그 위력
그것은 이 세상에서는 있을 수 없는 일이다.
인간이 할 수 있는 일이 못 된다.
하느님이 아니고서는, 성령이 아니시고는
구름 실을 만들어 그것으로
누군가를 또 무엇을 묶어 꼼짝 못하게 할 수 없다.

인간의 눈으로 볼 수 없는,
인간의 능력으로 어찌할 수 없는 하느님의 규범으로
사람의 사악한 생각과 행동을 제한하는 것.
그것 일게다!

너희를 살리려고 왔다

벌을 하여서는 안 됩니다.

　　아니다.
　　나는
　　벌을 하려고 온 것이 아니다.

　　너희를
　　살리려고 온 것이다.

아니요!
아니요!
아니고말고요!
어째서 그럴 수가 있어요?

너는 쑥맥이다!

너는
쑥맥이로구나!

왜요?

나도 모르고
너도 모르니
쑥맥이지!

쑥맥이
따로 있나?

모르기 때문에
쑥맥이지!

야!
너는 없어!

무엇이
없다는 것입니까?

의지가 없어!
알아보겠다는
의지가 없어!

우리는 자신을 알아보겠다는 의지와
하느님을 알아보겠다는 의지가 없다.
그러면 자신도 모르고 하느님도 모르는
숙맥(菽麥)으로 결국 전락 된다.
숙맥불변(菽麥不辨)이란 말이 있다.
콩과 밀 보리를 구별 못한다는 말이다.
이것의 준말이 숙맥(菽麥)이다.
우리는 이 숙맥을 더 강하게 발음하여 '쑥맥'이라 한다.

네가 하는 일은 내가 하는 일

뭐야!
뭐야!

허기 싫으면
그만두는 것이지!

허기 싫다니
무엇을
허기 싫다는 것입니까?

그것을
내가 어찌 알겠느냐?

네가
알 일이지!

네가
아는 일은
네가
처리하라!

내가
널 따라다니며
네가
하는 일을
살펴보겠다!

네가
하는 일은
바로
내가 하는 일이
될 수도 있다!

그러니
네가
믿는 대로
소신껏
하라!

이게
바로
하느님께서
바라시는 것이다!

모든 것을
네가
하고 싶은 대로 하라!

다만

살펴 하거라!

내가
원하는 일인가
아닌가를
살펴 하거라!

네!
잘 알겠습니다!

제 자리를 찾아 지켜야

당신은
당신 자리
찾을 수 있습니다.

당신은
당신 자리
지킬 수 있습니다.

당신이
당신 자리 찾지 못하고
당신 자리 지키지 못하면
이 세상에
자리 할 곳이 없습니다.

그러니 마땅히
당신 자리 찾아
당신 자리 꼭 지켜야 합니다.

제 자리는
하느님 안에서의 제 자리입니다.
하느님이 계시지 않는 곳에는

정처 없습니다.
갈 바를 모릅니다.
헤매게 되는 것입니다.
떠돌이 신세가 되는 것입니다.

그러니 마땅히
하느님 안에서

제 자리를 찾아
제 자리를 지켜야 합니다.

그래야
주님 안에서
평안히 쉴 수 있습니다.

하늘에 올라라!

하늘 높이
올라라!

너의 뜻이
하늘에
솟아라!

모든 것을
버리고
하늘에
올라라!

하느님 뜻이면
여하한 일이라도
이룰 수 있다!

그러나
그 하고자 하는 일이
진정하여야 한다!

그러면

안 될 일이
무엇이겠느냐?

반드시 반드시
기필코
이루어지리라!

그러면
세계를
끌어안을 수 있으리라!

조심해 조심해 또 조심해

감히
네가
이럴 수가 있느냐?

그게
얼마나
큰 죄인지
알고나 있느냐?

선해야 할 사람이
악행을 하니
그 악행은
더 돋보이는 것이라는 것을
모르느냐?

그게
얼마나 큰 죄인지도
모르고
악을 자행하는
그 어리석음!

너도
버려!

너의
개뿔같은
자만
말끔히 버려!

너 자신도
아무것도 아닌데
네 자만이
몇 푼이나 된다고!

참으로
한심한 놈이로구나!

용감히
과감히
버려!

아무짝에도
쓸모없는 그것
버려!

그리고 하느님으로부터
떠나 있는 행위
하지 마!

이제까지
쌓아올린
공적
다 허사로구나!

네가 보기에
티처럼 작은 것이
하느님 보시기에
대들보처럼 크다는 것을
몰랐더냐?

한심한 놈
말 조심해!
입 조심해!

창조적 변화

심리적 변화가
일어나는 것입니다!

심리적 변화라니?

개인적인 심리적 변화가
일어나는 것입니다!

무어로 말미암아?

하느님을
자기 안에
모셔 들이므로 해서요!

하느님의 진리의 말씀을
모셔 들임으로 해서
그리 되는 것입니다!

하느님의 말씀이
그이 안에 살아서

활동하기 때문입니다!

하느님의 말씀이
자기 안에 활동하면
자기가 틀린 것을
알게 됩니다!

그래가지고
고칠 수 있습니다!
바로잡을 수가 있지요!

그뿐만 아니라
자기의 모든 창조적 발상이
떠오르게 됩니다!

이것은
말씀으로 인하여
자신이
변화되었기 때문입니다!

다시 말해서
변화되었기 때문입니다!
완전한 사람이
되었기 때문입니다!

이게
창조적 변화가

가져오는 것입니다!

기도를 통하여
말씀을
자기 안에 모셔 들여
그 안에서 살려
활동케 하여야 합니다!

그러면
저절로 움직입니다!

평가는 하느님께서

우리는
그만큼
일을 하였습니다!

그만큼이란
우리가 잴 수 있는 게 아니라
하느님께서 잴 수 있을 만큼이란
뜻입니다!

큰 손으로
잴 수 있는 게 아니라
무한의 손으로
잴 수 있는 것입니다!

무한 속으로 들어가서
잴 수 있는 것입니다!

그러니
우리가 하였다고 하는 것은
이 무한에서는

아무것도 아닙니다!

작은 씨알만한
그런 것에 불과합니다!

그러나
그것은
매우 지대한 것입니다!

우리의 눈으로는
적지만
하느님의 눈으로는
매우 크기 때문입니다!

그러니
그것이 대수롭지 않다고
여기지 마십시오!

인간의 눈으로는
대수롭지만
하느님의 눈으로는
매우 크기 때문입니다!

그러니
자기 눈으로 보지 말고
하느님의 눈으로
보십시오!

평가는
우리가 하는 게 아니라
하느님께서 하시는 것이라는 것을
잊지 마십시오!

간절히 바라는 것

지금은
무거워요!

죄 때문에
무거워요!

이 세상에서
살면서
저지른 죄 때문에
무거워요!

그래서
걸을 수 없고
나를 수도 없어요!

꼼짝 못하고
있어요!

이 죄를
없애버리는

날
나는
말끔하여져서
날을 거요!

훨훨 날아서
하느님께
갈 거요!

하느님께
엎드려
통회하여야 하고
하느님께
빌어야 해요!

내가
살면서 지은 죄
모두
사해 주시라고요!

그러면
하느님께서
나를
끌어안아 주실 것입니다!

그래 가지고
하느님 품안에

안길 것입니다!

이게
지가
바라는 거요!

간절히
간절히
바라는 거요!

그러면
즐거우리라!
편안하리라!

모르고 헤매었구나!

나는
너를
몰라보고
헤매었구나!

진리가
무엇인지도
모르고
헤매었구나!

무엇을
탐구하여야
하는 것을
모르고
헤매었구나!

어디로
가야 하는지를
모르고
헤매었구나!

어떻게
가야 하는지를
모르고
헤매었구나!

주님!
이끌어 주소서!

주님!
깨우쳐 주소서!

주님!
알려 주소서!

주님!
당신 안에
모두
들어 있음을
몰랐습니다!

여기서 '너'는 진리(眞理), 갈길, 등을 지칭하는 것인 듯하다.
진리(眞理), 갈길 등이 모두
주님 안에 들어있다.
그러므로 주님으로부터
이에 대한 답을 구하여야 한다.
청하여야 한다.

길 무엇이 문제냐?

야!
이놈아!
무엇이 문제냐?

문제 될 게
무엇이냐?

내가 있는데
무엇이
문제냐?

분명
나는 있다!

너희와 함께 있다!

그런데
무엇이 걱정이냐?

아무것도
걱정할 게 없다!

무한한 고통을 넘어

무한한 고통을 넘어
생명만이 남아 있을 때
그 생명은 나의 생명이 아니라
하느님의 생명
그러면 내가 내 안에서 살고 있는 게 아니라
하느님께서 내 안에 살고 계신다

무한한 고통을 넘어
희망만이 남아 있을 때
그 희망은 나의 희망이 아니라
하느님의 희망
그러면 내가 내 희망으로 살고 있는 게 아니라
하느님의 희망으로 살고 있다

무한한 고통을 넘어
믿음만이 남아 있을 때
그 믿음은 나의 믿음이 아니라
하느님의 믿음
그러면 내가 내 믿음으로 살고 있는 게 아니라
하느님의 믿음으로 살고 있다

무한한 고통을 넘어
사랑만이 남아 있을 때
그 사랑은 나의 사랑이 아니라
하느님의 사랑
그러면 내가 내 사랑으로 살고 있는 게 아니라
하느님의 사랑으로 살고 있다

오직 하느님뿐

나는
아무것도
없어!

오직
하느님뿐!

하느님을
가졌으면
모든 것을 가졌는데
무엇을 더!

그러면
아무것도
더 바랄 게 없어!

무엇을
더?

없어!

합쳤습니다

합치다니?

무엇하고
합쳤다는 건가?

하느님하고
합쳤습니다!

하느님의 뜻과 합치고
하느님의 말씀과 합치고
하느님의 생명과 합치고
하느님의 사랑과 합쳤습니다!
하느님의 모두와 합쳤습니다!

영광
영광
대 영광!

하느님께서
있자고 하시는 곳에

있을 것이고
가자고 하시는 곳에
갈 것이고
하자고 하시는 일을
할 것입니다!

하느님께서
원하시는 일이면
무엇이던지
하겠습니다!

하느님
도와주세요!

확신하거든요!

이렇게
열심히 기도하다 보면
주님을 뵐 수 있을 것 아닙니까?

나는
그렇게
확신하거든요!
확신한다니까요!

그러니까
열심히
기도드리는 거지요!

반드시
뵐 수 있을 거요!
그걸 믿지요!

그대 내 마음은 호수요
내 호수 속에
하루 밤을 자고 가오!

욕심과 노력

욕심은 많은데
하지를 못하는데
뭘!

욕심만 가지고는
목적에 달성할 수가
없다!

욕심과 함께
노력이
뒤따라야 해!

노력 없이는
아무짝에도
쓸모없지!

욕심 있는 자에게는
목적이 있지만
노력이 있는 자에게는
달성이 있게 마련이야!

그러므로
올바른 욕심과
열절한 노력이 있어야
목적을 달성할 수가
있는 거야!

욕심을
현실화 시키는 것이
노력이야!

그러니
원대한 욕심을 갖고
꾸준하고 힘찬 노력으로
매사 결실을
맺어야 해!

알겠는가?

네
잘 알겠습니다!

나의 손을 잡아라

자신(自信)이
없다구요!

무엇을
해야 하는지!

어떻게
해야 하는지!

도무지
알 수가
없어서요!

무엇?

하느님의 뜻을
이루라고요?

그게
도대체

무엇이란 말이요?

하느님!
어떻게 해서
이런 생각이
떠올랐습니까?

마귀의 짓이
분명하네요!

얘야!
잘 들어 봐라!

하나밖에
없는 게
나다!

영원과
구원과
자비의
주인이
나다!

흔들리지 말고
나의 손을
잡아라!

어려울 때

나의 손을
잡아라!

꼭 잡아라!
놓치지 말고
꼭 잡아라!

하느님!
그럴게요!
그럴게요!

내 귀가
뚫렸습니다!

내가 하라는 대로 해

어떻게
하시려는 것입니까?

너는
내 것이다!

그러니
내가
하라는 대로만 해!

그러면
됐다!

모든 것이
다 됐다!

넘쳐
흘러 갈 것이다!

그러면
새 것으로

채워지지!

그래야
썩지 않는다!

그렇게 하여
참신하게
될 것이다!

문을 잠가 버려

문을
잠가 버려!

악한 생각이
일지 않게
문을 잠가 버려!

밖에서
들어오는 악을
충동하는 것들이
못 들어오게
문을 잠가 버려!

꼭꼭
잠가 버려!

내가
왜
문을 열어
이 사람아!

문을 열면
똥파리가
들어오는 것을
알면서
내가 왜
문을 열어?

그럴 수는
없고말고!

그런데
샛문은
열어 놓아야 해!

선한 마음이
일게 하는 것들이
들어오게!

그것마저도
닫아 놓으면
안 되지!
안되고말고!

아!
달고나!
달고나!

눈을 떠야지요

아무것도
안보입니다.

눈이 멀었는데
보이겠습니까?

눈을 떠야지요!

안 보이는가?

하느님과 함께 하는데도
안 보이는가?

강한 이명(耳鳴)….

그러나
들리지 않는가?

계속 이명(耳鳴)…
계속 이명(耳鳴)…

이명(耳鳴)이
계속 강하게
5분 정도

눈에 보이지 않으면 귀로라도 들어야지!
귀로도 들을 수 없으면 피부로라도 느껴야지!
피부로도 느낄 수 없으면 마음으로라도 느껴야지!
그래도 안 될까?
하느님과 함께 하면 모든 것이 보인다.

사랑의 선물

그게
그냥 아무에게나
일어나는 일은
아니잖아?

하느님께서
허락하여 주시지 않으신다면
일어날 수 없는
일이지!

모든 것이
그렇지만
그 일은
특히 그래!

하느님께서
받아주시고
사랑하여 주시지
않으신다면
도저히 일어날 수 없는 일이야!

하느님으로부터
내가 그러한 은총을
받고 있는 거야!

이것은
아무나 받을 수 있는 것이
아니야!

하느님께서
마련하여 주시기 때문에
받을 수 있는 거야!

하느님께서
주시는 은총의 선물인데
그것을
감사히 받아야지!

그러한 선물을
받을 수 있다는 것은
참으로 참으로
하느님의 은총이야!

감사하여라!
감사하여라!
감사하여라!

어떻게 잘 살 수가?

어떻게
할 수 없어!

그렇게밖에
할 수 없어!

그렇게가
무엇입니까?

그렇게가
그렇게지!

하느님 말씀 따라
하느님 말씀
받드는 거야!

그게
제일 잘
그렇게
사는 거야!

하느님 말씀 따라
하느님 말씀
받들고 사는 것이
가장 잘
그렇게 사는 것이라고요?

　　그래!
　　그게 가장 잘
　　그렇게
　　사는 거야!

　　그런데
　　이렇게 살아서는
　　안돼!

이렇게
살아서는
안 된다니요?
그게
무엇입니까?

　　나쁜
　　세속을 따라
　　살아서는
　　안 되지!
　　안 되고말고!

　　이 판은

안돼!
그 판이어야 해!

하느님 판이어야 해!

그 속에서
그에 따라
그렇게
사는 거야!

이게
제일 잘
그렇게 사는 거야!

그렇게 살면
행복해!

절대
이렇게 살아서는
행복할 수 없어!

잘 알겠습니다!
잘 알겠습니다!
명심하겠습니다!

영광榮光의 문門 안으로 들어온거야

대과에
합격했다구!

대대손손
영광이야!

안 그런가?

물론이지요!
영광이고말고요!

입문한 거야!
문에 들어온 거야!
그 영광의 문 안으로
들어온 거야!

그게
흔한 일인가?

특별한
은총이야!

하느님께서 주시는
은총이야!
특별한 은총이야!

이러한 영광이
또 있나?

없어!
없어!
없어!

감사하고
감사하여야지!

네 주님!
감사합니다!
감사하고 감사합니다!

영광
영광
영광입니다!

'성모님 문 열어주세요!
이렇게 기도하길 10여 년 가상히 여기시어
대과(大科)에 합격시켜 입문(入門) 시켜주셨나 보다.

그래가지고 오늘 하느님과 함께하는 그 축복 주신 것이다.
성모님께서 그 영광의 문을 열어 입문(入門)시켜,
주님과 함께할 수 있는 특은 받게 하여 주셨으니
성모님 감사합니다.

오너라 언제나 오너라

너는 나를
다시 한 번
사랑하라!

너는 나를
떠났지만
나는 너를
보내지 않았다!

그러니
너는
언제나
다시 오라!

난 너를
언제나
받아 주마!

거리낄 게 없다!
아무것도
거리낄 게 없다!

너와
나 사이에는
아무것도
거리낄 게 없다!

너와
너 부모 사이에
아무것도
거리낄 것 없듯이
너와 나 사이에
아무것도
거리낄 게 없다!

오너라!
언제나 오너라!

마음이
가난한 자 되어
오너라!

내가
채워 주겠다!

오라!
오라!
언제나 오라!

왜 이 세상에 왔나?

너희들은
알지?

왜
이 세상에
왔는지를
알지?

네!
알고말고요!

하느님
공경하고
섬기라고요!

이것뿐이냐?

아니요!

그래가지고
구원 받으라고요!

하느님으로부터
구원 받으라고요!

그리고
영원한 생명
받으라고요!

하늘나라에서
영원히
하느님 사랑 받으며
살라고요!

이것
깨닫고
이것을 위하여
노력하라고요!

왜 저를 부르십니까?

저는
○○○의 아들입니다.

하느님께서
왜 저를 부르십니까?
무엇에 쓰시려고
저를 부르십니까?

십자가에 달리신
예수님!
어찌하여
이러한 고통을 주십니까?

왜
까만 베일 속에
계십니까?

잘 몰라요!

네!
잘 몰라요!

지가
그것을 어찌
알 수가 있는가요?

잘
알려 주세요!

네!
무엇이 무엇인지
잘 몰라요!

똑바로
알아야 하는데요!

무엇이
나에게
그것을 가져다주는지

잘 몰라요!

주님!
어떻게
해야겠어요?

똑바로 알아야한다는 '무엇이'란 게 무엇인가?
'그것'이란 게 무엇인가?
아마도 하느님의 말씀, 하느님의 뜻일 게다.

질병 없고 고통 없는 세상

나는
이것을 모른다!

무엇을
말씀하시는 것입니까?

질병과 고통
말이다!

이것이
세상을
슬프게 하는 것들
아니냐?

그러니
이것을
넘어가자!
지나가자!

내 너에게
질병 없고

고통 없는
세상을
마련하여 주마!

이것을
믿어라!
꼭 믿어라!

네!
감사합니다!

참고 견뎌갑니다

잘 있는 게 아니라
잘 견디고 있는 것입니다!

어떻게 하여
잘 견디고 있는 것인가?

그거요?

한마디로 참는 것이지요!
참지 않고서는
견딜 수 없으니까요!

참는다는 것은
일어나는 것을
억누르는 것이지요!

이렇게
억누를 수 있게 하는 힘은
하느님께서
주시지요!

이 힘을 받아
억눌러
참는 것입니다!

이 하느님의 힘 없이는
터져 나올 수도 있을 것입니다!

못 나오게
막아 주고 있습니다!

그렇게 하여
견뎌가고 있습니다!

이러한 힘을 주셔서
하느님께 감사합니다!

훨훨 날려라!

두 팔이 날개 되어
날려라!
박쥐 같이 날려라!
훨훨 날려라!

응?
날려라!
훨훨 날려라!

하늘 높이
날려라!
사해(四海)에
날려라!
훨훨 날려라!

아는 것은 자기 몫이다

봐!
그것 있잖아?

그것이라니?
그게 무엇입니까?

사실 나도
그것을 잘 모른다!

그렇다면
누가 그것을
알 수가 있습니까?

안다고 하는 것은
다 자기 몫이다!

아무리 내가 알려줘도
자기가 그것을
알지 않으면
알 길이 없기 때문이다!

아는 것은
네 몫이지만
주님이 그것을
허락하지 않으시면
인도하여주시지 않으시면
너는 그것을
알 수가 없다!

그러니
알려면
주님께 매달려라!

어쩌면
세상 사람들은
이것을 모르고 있던지
잊고 살아가고 있다!

그러고서는
도저히
알 수가 없다!

그러니
이것을 명심하거라!
그리고 알려고
노력하거라!

네!
감사합니다!

자기에 도취陶醉되면

자기에 도취(陶醉)되면
남을 못 본다.

진리를
못 보고,

진리를 보지 못하면
쑥맥이지
쑥맥이 따로 있나!

자기가 제일이고, 자기가 옳고, 자기 이익만 챙기고, 그러면 남을 보지 못한다. 이러면 진리를 볼 수 없고 진리를 보지 못하면 크게 쑥맥이다.

이 세상에 어찌 자기만 있는가? 어찌 자기만 사는가?
이 세상이 어찌 자기 것인가?

하느님을 안다고 하면서 하느님을 그렇게도 모르는 짓을 다반사처럼 해대고 있으니.

자신自身을 하느님께 내맡기면

자기(自己) 자신(自身)을
가짜의 자신에게
내 맡기는 것은
자기 집을
도둑에게
내맡기는 것이나
진배 없다.
그러면
자기의 모든 것을
잃게 될 것이다.

그러나
하느님을 믿어
자기 자신을
하느님께
내맡기면
하느님께서 주시는
모든 은총
모든 축복
모든 힘을

받게 될 것이다.

하느님께서
자기 안에서
자기 뜻대로가 아니라
하느님 뜻대로
조정하시어
이끌어 주시기 때문이다.

그러므로
자기를 자기 자신의 것으로
삼지 말고
하느님을 믿어
자기를 하느님의 것으로
삼으시게 맡겨 드리면

자기의 정신 구조를
바꾸어
새 사람으로 변신하여
자신의 육신 건강과 영적 건강을
누리게 될 뿐만 아니라
사회생활도 원만하게
하여 나갈 수 있다.

그래가지고 결국에는
하느님께서 보시기에
좋은 사람이 될 것이다.

지켜야 할 자리

거기에 있어!

네가 지켜야 할
그 자리
지키면서
거기에 있어!

내가
지켜야 할 자리
그게
무엇일까?

하느님께서
마련하여 주신
자리
바로 그것이야!

그 자리
떠나지 말아야 해!

그 자리

지켜야 해!

무슨 일이 있어도
그 자리
꼭 지켜야 해!

하느님께서
마련하여 주신 자리
꼭 지켜야 해!

하느님께서
나를
이 세상에 보내시어
이 자리를 주셨으니
내 이 자리
꼭 지켜야 해!

유항유종有恒有終

유항유종(有恒有終)이라니?

나는
이게
무슨 뜻인지
알 수가 없네!

도무지
알 수가 없네!

무엇일까?

이번
우리가
되면

우리가
그것을
먹는데!

먹는 것이
정치가 아니야!

베푸는 것이
정치야!

잘 살게 하고
평화스럽게
하는 것이
정치야!

먹으려고
하는 사람은
기생충이야!

백해무익한
사람들이지!

이런 사람들은
이제
필요 없어!

보내야 해!
없애야 해!

주인님이
이런 사람을
용납하시지 않으시지!

이 상대세계에서는 항상(恒常)인 가운데 끝(終)이 있는 거야!
개별적으로 끝이 없으면 전체적으로 상(常)이 존재 할 수 없어서다.
상(常)은 종(終)의 연속이다. 그래야 살아 있다.

그러나 절대세계에서는 항(恒)만이 상(常)만이.
그래야 전체가 영원히 살아 있다.

잡탕 만들어서는 안 된다

이것은 내가
왜 해!

무슨 보람이라도
있을까?

　　보람을
　　먼저 찾고 하는 일은
　　하지 말아야 해!

　　그것은
　　잡탕이니까!

알았다!
알았어!

　　사람이 살면
　　얼마나 산다고 그러나!

　　그럴 필요 없지!
　　안 그래?

모든 것을
자기에게로만
돌리면 안돼!

爲己之學!
그게 무엇일까?
왜 그것을
높이 여겼을까?

우리 조상님들
좀 망조가 들어서
그런 것 아닌가?

아니다!
까닭이 있어서다.
잡탕 만들어서는
안되기 때문이다.

무슨 일을 하던지
목적이 뚜렷하고
뜻이 뚜렷해야 해!

그러지 않으면
잡탕 되어 버리고
마는 거야!

알겠는가?
하면 알지!

어찌하면 잘 있는 것일까?

잘 있어?
잘 있느냐니까?

어찌하면
잘 있는 것입니까?

글쎄 말이다!
어찌하면
잘 있는 것일까?

하느님과
함께 있는 게
가장 잘 있는 것이다!

이보다
더 잘 있는 것은
없을 것이다!

하느님과 함께 있으면
모든 것과 통하고
모든 것 안에 있으니까!

더 바랄 것도 없고
더 찾을 것도 없고
더 평화스러울 것도 없지!

이게 다
하느님과 함께 하고
있기 때문이야!

그러므로
하느님과 함께 한다는 것은
축복이고 영광이야!

이보다
더 큰 축복
더 큰 영광
없지!

그러니
모름지기
하느님과 함께 있기를
바라고
그렇게 되도록
노력 해!

잘 알겠습니다!
감사합니다!

하나가 있기에

도대체
하나를
어찌하라는 것이요?

어찌한다니?

받아들여야지!

하나가 있어
모든 것이 생겼고
모든 것이
그 하나에 있는 것이거늘!

이 하나를
부정하면
모든 것을 부정하는 것이고
자신도 부정하는 것이지!

이것이
하나가 갖고 있는
뜻이야!

하나가 없으면
모든 것이 없거늘!
어데서
자기를 찾아?

하나가 있으므로
생명이 있고
죽음이 있거늘!

생(生)과 사(死)가
하나이니!

하나에 있다는 것은
생과 사가
하나라는 것이지!

하느님과
함께 하면
생과 사가 하나이니
생과 사가
어디 있나?
없지!

영원만이
있지!

진정眞正으로는

진정으로는
모두에
통한다.

모든 이에게,
모든 곳에,
모든 때에,
모든 진리에
통한다.

진정으로는
모든 사람을
속이지 않고
자기를 속이지 않기 때문이다.

그러나
진정으로는 녹일 수 없다.

오직 사랑만이 모든 것을
녹여 하나로 할 수 있다.

약유어천주若留於天主

자!
무슨 말을
하고 싶은 거냐?

한번 해봐라!

거룩하시다!
가룩하시다!
거룩하시도다!

하느님!
와 주세요!
꼭 와 주세요!
저의 마음 속에
꼭 와 주세요!

무슨 말씀을
하시고 싶으신거요?

한번 해 보세요!

무슨 말씀도
좋으니
한번 하여 주세요!

글쎄다!
간다고 하는 것은
가는 것이 아니다!
온다고 하는 것은
오는 것이 아니다!

내 안에
머물면
가고 오는 것이
없다!

영원한
내 안에 있는데
무엇이 가는 것이고
무엇이 오는 것이냐?
다
매한가지다!

저의
온 몸으로
감사드립니다!
저의
온 마음으로
감사드립니다!

하나인데
무엇이
가는 것이고
오는 것이냐?

하나에서는
쪼개짐도
헤어짐도
없다!

약유어천주(若留於天主) 하느님 안에 머물면
왕래동일야(往來同一也) 오는 것과 가는 것은 같은 것이다
고이거불거(故離去不去) 따라서 떠나감은 감이 아니고
회귀불귀야(回歸不歸也) 돌아옴은 돌아옴이 아니다.
영원천주내(永遠天主內) 영원한 하느님 안에서
하래하거호(何來何去乎) 무엇이 오고 무엇이 가는가?

그게 무엇일까

생각하다가도
마음 한 가닥에
나타나는 것

그것이
무엇일까?

잔잔한
소리로 들리고

잠깐 떠오르는
모습!

그것이
무엇일까?

아무리
따지고 따져봐도
보려고 보려고
애써 봐도

보이지 않는
그것이
무엇일까?

어려움에
허덕일 때
이끌어주고

갈 바 몰라
헤맬 때
인도하여 주고

나의 입을
열게 하여 주는
그것이
무엇일까?

내 안에서
모든 것을
다 토해내게 하는
그것이
무엇일까?

모든 것을
다 잊게 하는
그것이
무엇일까?

나를
참고 견디게 하는
그것이
무엇일까?

성인과의 통공

'성 안토니아와
맞바꾼다'는
말은
무슨 뜻이요?

성 안토니아와 같이
된다는 말이요!

예?

그게 가능해요?

가능하고말고!

모든 성인과
통공이란 말 있잖아요?

그게 그 뜻이야!

그게
그 성인이 된다는 얘기야!

그러니
네가
성 안토니아
못 되겠니?

성 베르도도
될 수 있고
성 바울로도
될 수 있어!

이게
바로
다 통하는 거야!

안토니오!
안토니오!
내가
성 안토니오가
된다!

이게
바로
성화 아니겠어!

하느님 뜻 받듦

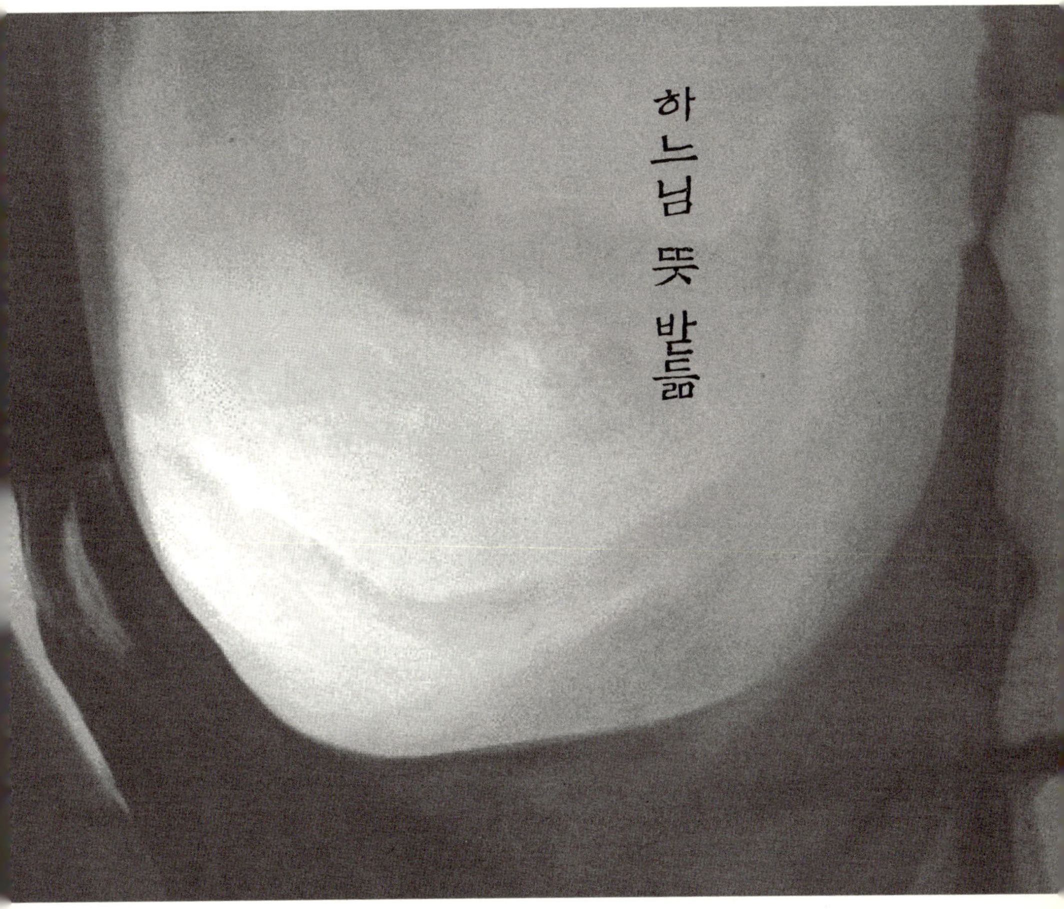

하느님의 뜻

알아요?
이것을
아느냐고요?

무엇을
말씀하시는 것입니까?

하느님의 뜻 말이다!

이것을 지가
어찌 알 수가
있겠습니까?

그것도 모르고
신앙생활을 한다고?

우리들을
살게 하시는 것이다!

영원히!

죄의 물속에 빠진
우리를 구하시어
살리시는 것이다!

너에게서
생명을 빼면
무엇이
남아 있을 것 같으냐?

아무것도 없다!

그러므로
너를 죄에서 구하시어
생명을 주시는 것은
너에게
모든 것을
주시는 것이다!

이게
하느님의 뜻이다!

그러니
생명 받도록
노력하거라!

네! 그리하겠습니다!

감사합니다!

뜻이 없으면

어떻게
이렇게 되었소?

어떻게
우리가 있게 되었고?

그러면
젊은 사람들은
어떻게 됩니까?

뜻에
따라야겠지요!

세상만사
뜻 없으면
다 소용 없어요!

뜻이 있어
가치가 있고
의미가 있고

그런 거 아닙니까?

바로 그것이요!

뜻이 없으면
살아도 사는 게 아닙니다!

뜻이 있어
사는 목적이 있고
사는 보람이 있고
그런 것 아닙니까?

그러니까
뜻 없으면
껍데기뿐이래요!

뜻 없으면
성취해도
성취가 아닙니다!

뜻이 있어
삶이 의미가 있고
재미가 있고
그럽니다!

안 그래요?

뜻이 없으면

종을 쳐도
소리 없는 거나
마찬가집니다!

하느님 뜻 따라 살라!

무엇을
하여야 할지
어찌하여야 할지를
모릅니다!

하느님의 뜻을
살펴 알면
그것을 다
알게 된다!

그러니 모름지기
하느님 뜻을
살펴 알도록 하라!

하느님 뜻이 아니면
나아가지 말고
하느님 뜻이 아니면
물러서지 말라!

그러면
하느님께서 다

이끌어 주신다!

하느님 뜻을
좇는 사람에게는
두려움이 없고
걱정이 없다!

하느님께서 아셔서
다 살펴 주시고
이끌어 주시기 때문이다!

그러니 하느님 뜻
저버리지 말고
늘 하느님 뜻 따라
살며 행동하라!

그러면 네가
네 일을 하는 것이 아니라
하느님 일을 하는 것이다!

하느님 일을 하는데
무엇이 거리끼겠느냐?

아무 것도
거리낄 게 없고
아무 것도
두려울 게 없다!

하느님 뜻이 아닌 게면
다 토해 내버려라!

그러면 속이
시원하고
깨끗하다!

아무 것도
너를 괴롭힐 게 없다!
너를 가로 막을 게 없다!

그러니 언제나 어디서나
하느님 뜻 살펴
살며 행동하거라!

네! 하느님!
하느님 뜻 따르겠나이다!
하느님 뜻 받들겠나이다!

알았어요?
알았어요?

네!

알았다고요!

하느님의
뜻
알았다고요!

다
털어 버리고

하느님을 사랑하고
이웃을 사랑하라고요!
극진히 사랑하라고요!

그리고
하나 되라고요!

하느님과
하나 되라고요!

하느님과 함께
영원히
함께 하라고요!

하느님의 뜻
받들면
이러한 복락
누린다고요!

이게
확실합니까?

확실합니다!

다
비우고
나를 따라오세요!

하느님 뜻 받들려면

수치스런 일은
하지 말아야지!

부끄러운 일은
하지 말아야지!

자신을
욕보이고
하느님을
욕보이는 일은
하지 말아야지!

하느님께서
바라시는 일이
아니면
하지 말아야지!

부모님이
바라시는 일이
아니면
하지 말아야지!

그런데
어째서
자꾸만
이런 데에
끌리는 것인가?

어긋나는 일을
하려면
자신을 꽉 잡아야지!

그리고
하느님께
매달려야지!

구해 주시라고!

왜 살아야 하는지!
무엇을 위하여
살아야 하는지!

똑바로
깨닫고
살아간다면
흔들리는 일이
없겠지!

하느님은
모든 이를 위하여

계시니!

하느님 뜻
받들려면
모든 이를 위하여
일 하여야지!

하느님 뜻에 맞는 일

하느님의 일도
하고
사람들의 일도
해야 해!

다만
하느님의
뜻에 맞는
일 말야!

하느님의
뜻에 맞지 않는
일은 하지 말아야
하지!

하느님의
뜻이면
해야지!

하느님의
뜻이면

쫓아야지!

하느님은
무한히
커지셔야 하고
나는
무한히
작아져야 해!

이게
하느님 뜻을
따르는
필수 조건이야!

하느님 뜻 이루는 것

하늘과 땅이
맞닿는 곳에
내가 있다!
모든 사람들이 있다!
모든 생물들이 있다!

거기서
살아간다!

숨을 쉬면서
먹어가면서
싸면서
살아간다!

하느님 뜻
이루려고
살아간다!

갖가지
은총 받으며

살아가고 있다!

이것밖에는
없다!
하느님 뜻
이루는
이것밖에는
없다!
그래가지고
하느님과
하나 되는 것
그것밖에는
없다!

완전하도록 노력해봐

냄새 나는 것(국수)
그것은 내가 먹고
우리는
당신들을 위하여
더 좋은 것을
기다릴 게요!

그렇게 살아왔으니
그래야지유!

왜?
그게 아니라구요?
그러면
뭣이란 것이유?

하나는 나를
다른 하나는 너를
또 다른 하나는 네 이웃을
위하는 거여!

그래야
완전해!

우리는
완전을 위해
지향하는 거 아냐?

그것이 바로
내가 바라는 것이니까!

부디 부디
완전하도록
노력 해봐!

그를 통하여
삶의 의미 발견하고!

알겠습니다!

네!
잘 알겠습니다!
감사합니다!

최선最善의 것이란

그러지 않아도
됩니다!

그러지 않아도
된다는 말씀은
무슨 뜻입니까?

네가
지금 하고 있는 것이
옳을 수도 있고
그를 수도 있다!

그것이
최선의 것은 아니다는
말이다!

사람은
무슨 일을 할 때
복심을 갖고
그것을 숨기고
일을 한다!

진정한 마음으로
하는 것이 아닐 수도 있다!

그런 경우
그게 최선의 일은
하느님의 뜻과
부합하는가 아닌가?
점검하여서
일을 선택하거라!

그러면
어려움이 닥친다 해도
그 일을 해 낼 수 있다!

그래가지고
네 지혜로 하지 말고
하느님 지혜로 하거라!

더 바랄 게 있겠습니까

찰떡
엄청 많이 있습니다!

다 펴 놓으세요!

울긋불긋하네요!
고추 같기도 하고
그럽니다!

커다란 빵이
가득히 있네요!

젊은 시절부터
왔었는데!

평생 죽을 때까지
받드는 것이지요!

그래야
사람 노릇 하는 것

아닙니까?

하느님 받들고
이웃 섬기고
그래야 되는 것 아닙니까?

이러면
행복한 것이지
무엇 더 바랄 게
있겠습니까?

더 바란다면
지나치고
쓸데없는 것이지요!

이리만 하면
되는 것 아닙니까?

맞다!
맞다!
그리하라!

뜻을 받아 쓰라고

그래
하늘님의 뜻을
받아쓰라고!

그러면
보일거야!
들릴거야!

보이고말고!
들리고말고!
반드시
그럴 거야!

받아 적어!
받아쓰라고!

땅! 넣으면
땅! 나와!
그렇게 될 걸!
반드시
그렇게 될 걸!

이걸 알아야 해

너희들이 통탕거리고
술 마시고
놀아대라고

예수님께서
십자가에
못 박혀
돌아가신 것 아냐!

하느님 뜻을
이루라고
그런 고통 받으신 거야!

이걸 알아야 해!
이걸 모르면
다 헛거야!

이 세상
헛살게 된다!

허락하시는 일이면

못할 일이 없지!
못할 일이 없지!

왜 못해?

하느님의 뜻인데
왜 못해?

해 보지도 않고
자포자기(自暴自棄)인 게야!

에고!

하느님이
허락하시는 일이면
무엇이던지
할 수 있어!

한번 해 봐!

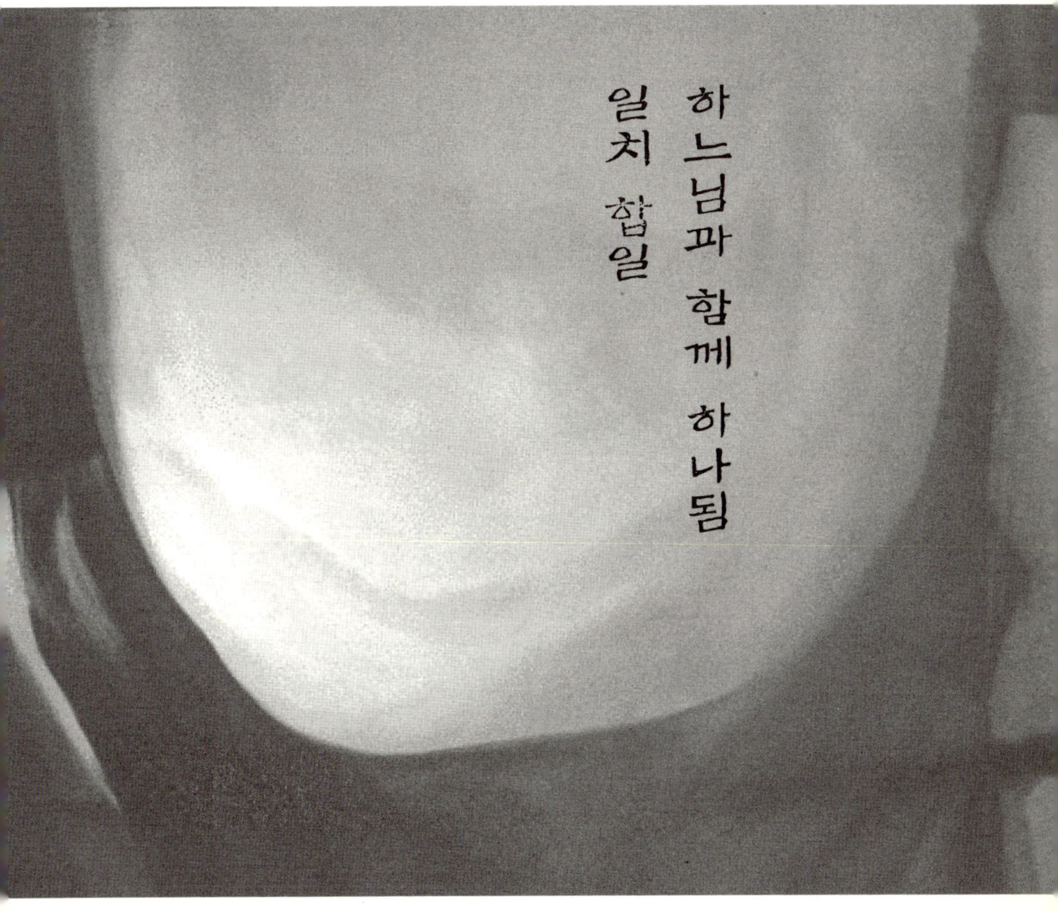

하느님과 함께 하나됨

일치 합일

우리는 하나

우리는
하나
하느님 안에서
우리는
하나
쪼갤 수 없는
하나
둘이 아닌
하나
아무도
어찌할 수 없는
하나

그 속에서
우리는
좋아!
우리는
행복해!
우리는
평화스러워!

하루가
천년 같고
천년이
하루 같아!

가 보자!
가 보자!
거기에
가 보자!
하느님
뵈러
가자!
하느님과
함께 하러
가자!

아주 친구들
데리고 와!
아주 친구들
데리고 와!
다 함께 오라구!
빨리 와!
빨리 와!
빨리 오라구!

'아주 친구'란 더 생각할 필요 없는 진정한 친구를 말한다. 진정히 하느님 믿고 받드는 사람들을 말하는 것이리라.

너와 나와는 하나

Do you know this?

I do!
Certainly I do!

무엇을?
어떻게?

그래?

그러면
좋아!

너와
나와는
하나!

바로
그것이야!
바로 그것이라고!

자비慈悲의 손길

아니
왜
내가
너를
도와야 한단 말이냐?

하느님이시니까요!
전지전능하신
하느님이시고
자비하신 하느님이시니까요!

어려운 사정
잘 살펴 주시는
하느님 아니십니까요?

그렇다!
그래!
내가
도와주마!

성모님을 통해서도 좋고

성령님을 통해서도 좋으니
당신의 자비의 손길
내려 주소서!

한 말씀만 하소서!
곧 낳으리라!
곧 낳으리라!

하나가 되는 길
알려 주소서!
함께 하는 길
알려 주소서!

평화와 일치

너에게서
아무것도
바라는 게 없다!

오직
평화다!
일치다!

그러면
네가 할 일이
또렷하여지지 않느냐?

그를 위하여
노력해야지요!
그를 위하여
노력해야지요!

그러면
어디로
가야겠습니까?

하느님께로
나아가야지!

하느님께
구하야지!

무엇을
구해야겠습니까?

평화고
일치지!

그리고
하느님을
뵙는 거야!

하느님 안에서
하느님과
함께 사는 거야!

하나 되려면

네가 네 것을 버리고
내가 내 것을 버리면
너는 너고
나는 나다.
너와 나는 하나다.

네가 내 것을 갖고
내가 네 것을 가지면
너는 나고
나는 너다.
너와 나는 하나다.

내가 네 안에 있고
네가 내 안에 있으면
너는 나고
나는 너다.
너와 나는 하나다.

하나 되는 길2

니가
무엇을
바란다고?

하느님과의
일치 합일입니다!

그래가지고
어떻게 하겠다는 거야?

하느님 품안에
있는 것입니다!

하느님 품안이란 게
뭐야?

잘 모릅니다!

잘 모르면서
그래?

하느님 안에
있는 거야!

무한한
하느님 안에
있는 거야!

나가는 데도 없고
들어가는 곳도 없는
곳이야!

그저
하나인 곳이야!

하나 되는 길은
작아지는 거야!
무(無)가 되는 거야!

하나 되는 길1

바탕이
소개(紹介)가 되고
소개가
만남이 되고
만남이
사랑이 되고
사랑이
하나가 된다

…

소개 받는 사람이나 소개 하는 사람이나
그들의 본바탕이 진정하여 믿을 수 있어야
소개가 이루어지고,
그것이 만남으로 이어져서 신뢰가 굳어져
그 만남이 사랑으로,
그리고 그 사랑이 서로 일치하게 한다.
서로가 하나 되게 한다. 합일(合一)하게 한다.

길 무엇하러 여기 왔나?

야!
너는
여기
무엇하러 왔니?

네?
무슨 말씀을
하시는 게요?

네가
무엇 하러
여기 왔느냐
묻지 않느냐?

잘
생각해 보라!
까닭이 있을 것 아니냐?

글쎄요!
잘 모르겠는데요!

야!
그것도 모르고
왜
여기 와 있는 거냐?

하느님이
내셨으니
하느님 알아
하느님 뜻 받들어
따르기 위한 게 아닙니까?

글쎄다!

그래서
하나 되기 위한 게
아니냐!

배워서, 전환되어, 성서에 의거한 삶 살아, 예수 그리스도 닮도록.
Learn, transform, and live according to the Scriptures
in order to be like Jesus Christ.

미국 클리블랜드 베네딕토 수도원 수사신부 Paschal 신부님이 새벽 미사 강론 중 오늘 축일을 맞는 성인 St. John Leonard에 대하여 하신 말씀의 일부다.

다 모아 와 하나되게

하나 있고
둘이 있고
그런 것 아냐?

그렇게 해서
만물이 생긴 것이지!

Go!
Believe this!

그래가지고
다시 하나 되는 거야!

텅 비었을 때는
모르겠는데
가득차니
다 보이네!

온다는 것
간다는 것

다 그런 뜻을
가지고 있는 거야!

다들
불러와
하나 되게!

흐트러진 것
다 모아 와!
하나 되게!

하느님과 하나 되는 것

글쎄 그게
네가
원하는 것이라고?

맞아!
맞아!
맞다고!

그보다
더한 게
어디 있는가?

하느님께
나아가
하느님과
하나 되는 거야!

하느님께
다가 가
하느님과

하나 되는 것
그것이
지상의 목표야!

약속야!
약속이라구!

하느님과 하나 됨을 증거

어찌 된 일입니까?

하느님과 나와는
하나이다!

야!
잘 봐봐!
잘 봐 보라고!

하나라는 것을
증거 하는 거야!

증거 한다고요?

무한히
작아져서
하느님께 나아가면
하느님과
하나 되는 거야!

사하라 사막(광야廣野)에 나아가 있는 자신을 생각한다.
무한히 큰 그 사막에서 하나의 모래와 같은 존재(存在), 그것이 자신이다.
이러한 작은 존재의 자신이 되어 하느님께 나아가서 그 무한의 하느님 품속에 잠긴다. 그렇게 하여 하느님과 하나가 되는 것이다. 이 길밖에는 없다.

길 하느님과 함께 하였다는 표시

내가
표시를 하고
왔어야 할 텐데!

무슨 표시 말입니까?

거기
갔다 왔다는
표시 말이요!

거기라니
그게 어딥니까?

하느님 계신 곳 말입니다!

거기서
하느님과 함께 하였다는
그 표시 말입니다!

그런 표시가

필요합니까?

필요하고말고요!
그게 증거가 되는데요!

그 증거 없이
누가
그 말을 믿어 줘요!

모세가
십계명판을
받아 가지고 왔듯이
그런 증거가
있어야 하지 않겠습니까?

그런 증거가
될 만한 것이
없을까?

그 증거는
내가 변한 거야!
하느님 말씀으로
가득 찬 거야!

그러니 이제
그 증거를
보여야지!

두려울 것 없다

맞다!
맞다!

하느님은
언제나
우리와 함께 하시니

두려울 것 없다!
걱정할 것도 없다!

사랑의 선물

사랑의 선물이
무엇인지
알아?

하나 되는 거야!

첩첩이란 말
들어 봤어?

응!

첩첩산중!

아무도 모르는
첩첩산중!

그래도
꼭 갈게!

첩첩 산중에는 사람들도 없고 가기를 꺼려하는 곳이다.
그런 곳에라도 가서 하나 되는 사랑의 선물 꼭 받겠다는 것이다.

완전完全 합일合一

자신을 비워
예수 그리스도를
그 자리에 모셔드린 다음
성체를 영하면
자신 안에서
주님과 완전한 합일을
이룬다.

오늘 새벽미사 때
체험한 것이다.

X = a + bZ
Y = a + bX

X는 예수 그리스도
Z는 자신
Y는 하느님

a = 0이고, b = 1이면
완전한 합일을 이루어
Y = X = Z

청정한 밤에
달과 호수와 나가 빛으로
하나를 이룸과 같이.

하느님 안에, 예수 그리스도 안에

하느님 뜻대로
하느님 계명대로
하느님 말씀대로

믿음으로
사랑으로

그러면

예수 그리스도 안에
하느님 안에

예수 그리스도께서도 내 안에
하느님께서도 내 안에

이루어지네
모두가 하나로
새 삶이

하느님과 나와는 하나

하느님과
나와는
하나다.

　　‘그렇다.
　　내가 너 안에 있고
　　네가
　　내 안에 있으니
　　하나다.’

그러나
내가
모든 것을
버려야 해!

그래야
내가 하느님께
나아갈 수 있고
하느님과
하나 될 수 있어!

하느님과 함께 하려면

그 계획부터가
틀려버렸다!

계획이라니
무슨 계획을
말씀하시는 것입니까?

하느님과
함께 하겠다고 하는
계획 말입니다!

그래서요
말씀해 보세요!

하느님과
함께 할 수 있는 것은
네 계획에
달린 게 아냐!

네가
그 계획을

세운다고
되는 게 아냐!

하느님께서
은총 주셔야 해!

그러지 않으면
절대 절대 절대
하느님과
함께 할 수 없어!

그러니
하느님께
빌어야 해!

이 것뿐이야!
더는 없어!

알겠는가?

네!
잘 알겠습니다!
감사합니다!

하느님께서 주시는 선물

나도
아직
그 뜻을 모르오!

하느님과
하나라는 것
외에는
아무것도
모르오!

하느님께서
나에게 주시는
선물이
바로 이것이요!

이것을
알게 하심이요!

그래서
이 뜻을 안다고 하는 것은

참으로 참으로
축복이요!

하느님께서 주시는
축복이요!
가장 큰 축복이요!

그러므로
이것을 받아
깨닫고
실현하는 것은
하느님의 뜻을
이루는 거요!

이것을 가능케 하는 것은
사랑이요!
하느님 사랑
이웃 사랑이요!

그래서
나는 길이요
진리요
사랑이라
하신 거요!

그렇게 좋을 수가

뭘?
뭘 말이야?
뭘 말이냐고?

    그것!
    그것에 대한
    관심 있느냐고?

그게
뭐야?
그게
뭐냐고?

    그게
    그렇게도
    좋을 수가 없다!

    그게
    하느님과
    함께 있는 거야!
    하느님과 함께 있는 거라고!

그 외는
아무것도
필요 없어!

오직
비워서
오롯한 마음
갖는 거야!

바로
그거야!
그것뿐이야!
더는 없어!

그리고
그에게만
매달리는 거야!

하느님 계신 세상에

출세했어!

출세가 무엇입니까?

세상으로 나오는 것이지!

어떠한 세상을
말하시는 것입니까?

내가 있는 세상이지!

이와 같이
좋은 세상이
또 어데 있겠니?

하느님이 계신 세상!
하느님과 함께 하는 세상!

네!
네!
네!

더는
없습니다!
더는
없습니다!

영광!
영광!
영광!

어머니!
아버지!

저
여기에
와 있어요!

함께 있다 하라

자꾸
무어라 하는 거라

그러면
무어라 할까요?

함께 있다 하라

무어라고요?

제가요?

정말요?

그렇다!

입을 맞춘다는 것

이렇게 하고
좋으면 좋은 것을
표시해야 하지 않겠어요?

입을 맞춘다는 것은
하나가 되었다는 것을
말하는 것이거든요!

너와 나가
하나 됐다는 것을
알리는 것이거든요!

그런 소리는
하지 말라고요!

왜요?

정말 입맞춤이란
쉽지 않은 것이거든요!

그런데 막 입 맞추고

위선 떨고
그러는 꼬락서니
꼴불견이라고요!

그럴 바에는
아주 안 하는 것이
낫습니다!

하려면
진정한 입맞춤을
하세요!

다시는
그런 가짜 키스
하지 말라고요!

알겠습니다!

하느님 어찌하시렵니까?

야!
도대체
네가
누구라고?

하느님의
아들이라고?

평화를
위하여
일해서
그렇다고?

우선
먹어야
평화스러우니까!

사욕 없이
그 일에
전력했으니!

너는
마땅하다!

하느님이
보시기에
마땅하다!

하느님
저를 어떻게
하시려는 것입니까?

뭘
어떻게 해!

삼아야지!
그렇게
삼아야지!

하느님의
아들 말이야!

감사합니다!
감사합니다!
감사합니다!

무아점성침묵대월면형(無我点性沈默對越麵形)
이게 바로
그 길이야!

너희와 동참하겠다

동참하겠다!
이 말입니다!

누구에
무엇에
어디에
동참하겠다는 것입니까?

네가 있는 곳에!
어디서나!
언제나!
동참하겠다는 것이다!

이것을
너는 믿느냐?

물론 믿지요!

내가
이 세상에 온 목적이

바로 이것이다!

너희들과
함께 있는 것이다!

함께 있어가면서
너희들과 함께
생활하는 것이다!

함께 생각하고
함께 일하고
함께 걷는 것이다!
그리고 함께 숨 쉬고!

바로 이거야!

네가 필요할 때
나는 네 곁에 있다!

그러니
걱정 말라!
힘내라!

알겠습니다!'

네! 잘 알겠습니다!
감사합니다!